LE

MARÉCHAL LANNES

2ᵉ SÉRIE IN-8ᵉ

Jean Lannes, duc de Montebello, duc et prince de Siévers,
maréchal de France.

LE
MARÉCHAL LANNES

DUC DE MONTEBELLO

PRINCE SOUVERAIN DE SIÉVERS, EN POLOGNE

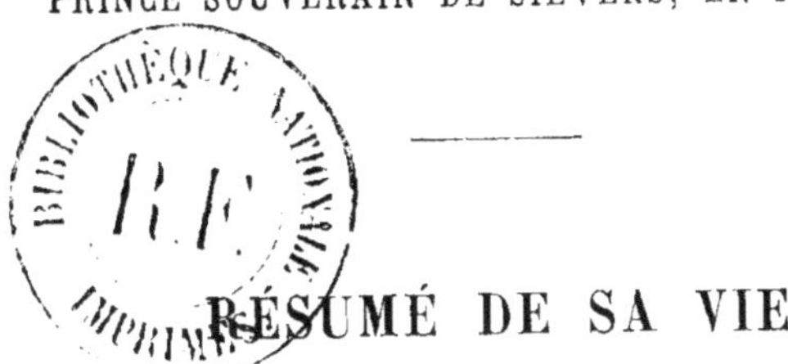

RÉSUMÉ DE SA VIE

PAR SON PETIT-FILS

CHARLES LANNES

DUC DE MONTEBELLO, DUC ET PRINCE DE SIÉVERS

TOURS

ALFRED MAME ET FILS, ÉDITEURS

M DCCCC

Canons du temps jadis, ornés par les aïeux
D'emblèmes, de blasons et d'attributs de gloire,
Vous qui portiez des noms de héros et de dieux,
— Allez avec Turenne et Lannes dans l'histoire !

De Borrelli.

AVANT-PROPOS

En résumant dans ces quelques pages la vie de notre grand-père le maréchal Lannes, notre but a été de montrer à tous les Français, dans un style de soldat, un modèle de grand capitaine, de bon citoyen et d'honnête homme.

De crainte de fatiguer le lecteur, et n'ayant pas à faire ici un cours d'histoire militaire, nous avons évité les descriptions trop compliquées qui touchent essentiellement à l'art de la guerre et que l'on trouve du reste dans certains ouvrages spéciaux faciles à consulter[1].

L'intelligence, le talent et la bravoure du maréchal Lannes étaient hors ligne ; il avait le génie de la guerre. C'est ce que Napoléon a dit, c'est ce que l'histoire a enregistré[2]. Mais c'est à faire

[1] Tout en évitant dans le cours de ce récit les descriptions techniques, l'auteur a cru cependant bon et utile de donner en annexes divers extraits inédits de quelques-uns des rapports de Lannes à l'empereur, afin de montrer ainsi de quelle manière, en lui rendant compte de ses opérations, il cherchait toujours à faire rendre justice à ses troupes et à attirer sur elles les félicitations et les encouragements qui leur étaient dus. Il a paru également intéressant de citer aussi quelques-uns des ordres de l'empereur et du major général Berthier.

[2] Entretiens de Napoléon à Sainte-Hélène.

ressortir certains côtés moins connus de ce grand caractère que nous nous sommes principalement attaché dans ce récit : on y verra comment, avec sa volonté et son cœur, il faisait des prodiges ; comment son âme, communicative, électrisante, en faisait faire à son armée, alors que la force brutale, même aux mains des plus habiles, restait impuissante.

Ceux qui n'ont jamais traversé le tourbillon des batailles ne peuvent se faire une idée des convulsions qu'on y éprouve.

Nous, qui avons pris part à vingt-sept combats et batailles [1], nous comprenons et sentons bien ces choses ; et, en ces temps de matérialisme et d'affaissement moral, nous nous faisons un devoir de les proclamer.

Ch. de Montebello.

[1] En Algérie : 1856, 1857, 1864, 1865, 1866, 1867; en Italie : 1859-1860; au Caucase : 1860, 1861; au siège de Paris : 1870, 1871. (Voir page 202.)

LE
MARÉCHAL LANNES

CHAPITRE I

1769-1795

Jean Lannes. — Sa famille. — Son premier métier. — Ses premières armes à l'armée des Pyrénées-Orientales. — Il maltraite un conventionnel. — Son dégoût. — Il quitte l'armée. — Bon avis d'un drapier. — Il retourne à l'armée. — Son avancement rapide. — Le camp du Miral. — Combats de Port-Vendres, Collioure, Banyuls. — Sa blessure. — Combat de Villelongue. — Il provoque le général ennemi en combat singulier. — Ses actions d'éclat. — Il est nommé chef de brigade (colonel), à vingt-quatre ans. — Bataille du Boulou. — Sa conduite chevaleresque. — Il sauve des émigrés prisonniers et brave pour la seconde fois l'échafaud révolutionnaire. — Bataille de Ripoli.

De tout temps la famille Lannes fut vénérée dans son pays.

Le père de notre héros était un agriculteur des environs de Lectoure (Gers), propriétaire d'un bien rural qu'il faisait valoir et d'une modeste maison dans la ville même.

Sa mère, femme de dévouement et de cœur, qui adorait ses enfants, mourut victime de sa tendresse maternelle, à la fausse nouvelle que son fils Jean avait été tué en Égypte à la suite d'une défaite[1].

Les époux Lannes eurent cinq fils et une fille[2], auxquels ils inculquèrent les meilleurs principes de vertus chrétiennes, de travail et de patriotisme. Le père disait à ses enfants :

« Quel que soit le métier que vous aurez choisi ou le rôle que vous aura réservé la Providence, faites toujours en sorte d'y exceller. »

L'aîné des fils fut élevé au séminaire et se fit prêtre. Beaucoup plus âgé que ses frères et sœur, il fut très bon pour eux et se chargea de leur instruction.

Le second, Jean, en devenant maréchal de l'Empire, n'oublia pas les siens. Plein de reconnaissance, il obtint pour son frère aîné la préfecture des Hautes-Pyrénées et lui fit don du beau château de Lacassagne, près Toulouse ; mais après la chute de Napoléon, le préfet fit à sa famille et aux pauvres l'abandon de tous ses biens, pour redevenir simple curé de campagne, dans un village près d'Agen, où il mourut, admiré et pleuré de tous, en faisant la charité.

Le troisième, très brave soldat, quitta le service comme sous-officier de cavalerie, se maria et vécut en honnête homme, près de Lectoure, dans une propriété que lui avait achetée le maréchal.

---

[1] « ... Des scélérats avaient fait courir le bruit que l'armée avait été presque toute détruite, etc., etc.; que toi-même n'existais plus, ce qui fut cause, mon cher général, de la mort de la chère et tendre mère : tu sais combien elle t'aimait, quel amour maternel elle avait pour tous ses enfants... »

(Extrait d'une lettre adressée à Lannes par son ami Ducos, 6 brumaire, an VIII.)

[2] Elle épousa M. Belliard, riche propriétaire dans le Gers.

Le quatrième et le cinquième fils s'engagèrent dans l'armée des Pyrénées, où bientôt tous deux furent tués glorieusement.

Le héros de la famille, Jean Lannes, naquit à Lectoure, le 10 avril 1769, année exceptionnellement fertile en grands hommes (fertilité malheureusement trop rare à notre époque). Cette année vit, en effet, naître Napoléon, Soult, Ney et d'autres qui illustrèrent la France.

Son adolescence traversa les plus durs moments de la Révolution ; la misère régnait partout dans les campagnes, on dut suspendre ses études déjà bien commencées et le mettre comme apprenti chez un teinturier.

Tout ce que Lannes acquit plus tard en instruction (et ce fut énorme), c'est à son travail opiniâtre qu'il le dut et à l'inébranlable volonté de pratiquer les préceptes de son père.

En 1792, la France était envahie ; il fallait tout sacrifier pour défendre la Patrie en danger : des corps francs et des bataillons de volontaires s'organisaient dans le Gers, chez lesquels le patriotisme et l'amour enthousiaste de la liberté remplaçaient l'expérience.

Lannes s'enrôla sans hésiter et voici comment, presque aussitôt, de simple soldat qu'il était il fut élu sous-lieutenant d'emblée :

Il avait rejoint l'armée des Pyrénées sur le théâtre même de l'action. Insouciant d'un danger qu'il ne connaissait pas encore, il marchait à l'ennemi, comme ses jeunes compagnons, plein de confiance et d'entrain. Cependant, au premier engagement, les projectiles qui sifflèrent à ses oreilles produisirent une telle impression sur sa nature nerveuse, qu'il lâcha pied pour suivre un groupe de ses camarades qui, mal encadrés, étaient comme lui en proie à une terreur contagieuse. Il fuyait !... Mais bientôt, l'âme prenant le dessus, il appela ses compagnons affolés et, furieux contre lui-même, jurant comme un postillon (c'était de mode en ce temps-là) :

« Halte ! leur cria-t-il de sa voix tonnante, arrêtez, sacrebleu ! arrêtez donc ! f...! s. r.[1] ! chameaux que nous sommes !... Nous faisons fausse route ! Gare l'embuscade !... Halte donc ! tas de j.-f. ! demi-tour ! Vite à moi ! A la course ! en avant !... »

Mû comme par un ressort que la compression fait agir, il semblait n'avoir reculé que pour prendre son élan.

Ainsi lancé, il entraîna son groupe dans cette « fuite en avant », et les fuyards devenus des braves repoussèrent les Espagnols, aux cris de : « Vive la liberté ! vive la Patrie ! »

C'est le jour même de ce succès qu'aux applaudissements des chefs, aux acclamations de tous, le jeune Lannes, qui venait de se montrer vrai conducteur d'hommes, fut élu officier[2].

Ceci est un exemple bien frappant de l'ascendant moral que peut prendre sur une troupe, par son caractère, son attitude et sa volonté, un seul homme (ne fût-ce qu'un conscrit), ascendant capable de changer la peur en courage !

Cet ascendant que Lannes, simple soldat, avait su exercer si impérieusement, ne pouvait que grandir

---

[1] Foutre. — Sacrées rosses.
[2] Caporal, sergent-major et sous-lieutenant au même moment.

dans des proportions gigantesques, avec l'autorité du grade, la confiance que l'expérience inspire et le prestige du maréchalat !...

Maréchal de France, Lannes se plaisait à raconter en famille cet épisode de son baptême du feu :

« ... La peur me saisissait, disait-il ; je l'ai prise à la gorge et je l'ai terrassée, la mettant ainsi hors d'état de me gêner par la suite... Le devoir commande à tous de surmonter la peur, ce n'est pas assez ; il faut la piétiner et s'en faire un tremplin pour mieux bondir en avant !... Depuis que je l'ai matée, j'en fais ce que je veux... »

« Ceux qui prétendent n'avoir jamais eu peur, disait-il encore, ne sont que des menteurs, des brutes ou des j.-f.[1] !... »

Peu de jours avant la bataille d'Essling où il trouva un glorieux trépas, il disait au docteur Lanfranc :

« ... Je crains la guerre, je l'ai dit à l'empereur, le premier bruit me fait frissonner ; mais aussitôt que j'ai fait le premier pas, je ne songe qu'au métier. Vous entendez la musique de ce régiment (elle passait en ce moment), eh bien ! c'est pour étourdir les hommes et les mener à la mort sans qu'ils s'en doutent... Il faut que tous les officiers paraissent sur le champ de bataille, aux yeux du soldat, comme s'ils étaient à la noce[2]... »

De quelque espèce que soit le courage, quels que

---

[1] L'auteur tient ce récit de sa grand'mère la maréchale (1855), de son père le duc de Montebello (1871), lesquels le tenaient du maréchal lui-même (1808).

[2] Lettre du docteur Lanfranc à Mme de Guéhéneuc.

soient ses mobiles[1], il exige pour se produire un grand effort de volonté. C'est cet effort que les chefs doivent s'attacher à stimuler dans leurs troupes, en étudiant, pour les utiliser à propos, tous les facteurs du courage.

Lannes savait faire vibrer chez ses guerriers toutes les cordes du courage ; il avait le talent d'en tirer des sons et de jouer de cette musique qui entraîne irrésistiblement les troupes sous le feu de l'ennemi.

Le courage peut se manifester sous des formes et à des degrés différents : résignation, fermeté, hardiesse, audace ou témérité jusqu'à la folie.

Celui qui habite un corps froid est plutôt passif ; l'homme qui le possède paraît conserver facilement son aplomb ; son émotion n'est pas vive, mais aussi c'est un courage sans ressort, sans lumière, sans magnétisme ; il ne se communique point, il ne porte à aucune action d'éclat.

Lannes, nature bouillante, avait surtout le courage actif, courage essentiellement français, — celui de Turenne qui, allant au feu, se disait en se frappant la poitrine : « Tu trembles, carcasse, tu tremblerais bien davantage, si tu savais jusqu'où je veux te mener ; » — celui de Henri IV, « doué par dame nature d'un corps poltron et d'un esprit vaillant. »

Les plus grands cœurs ont leurs moments de faiblesse.

---

[1] « Dans le chaos d'intérêts, de sentiments, de passions qui font la victoire, il y a de tout : de la bravoure, de la jeunesse, de l'enthousiasme, de l'idéal... ambition, espoir de récompense, désir d'estime, crainte du mépris, peur du pire, amour-propre, vanité, orgueil, sentiment d'honneur, du devoir, haine et vengeance, dévouement et amitié, amour de gloire, de liberté, d'une idée... exemple, traditions... religion... patriotisme... tels sont les facteurs du courage. »

Plus l'effort qu'il nécessite est grand, plus le courage accumule et dégage de fluide électrisant ; loin d'exclure le sang-froid, ce courage décuple les facultés mentales aussi bien que les forces physiques ; et c'est ainsi qu'il fait faire des prodiges.

Ce courage, si actif, si fertile, si noble, qui résulte du choc de la volonté la plus sublime contre l'instinct le plus naturel, Lannes le possédait au suprême degré ; mais sachant se maîtriser, il avait aussi, à l'occasion, la force de la résignation et du calme; il possédait tous les courages ! L'histoire de sa vie le démontre.

Peu de temps après l'incident que nous venons de relater, le lieutenant Lannes commit une imprudence qui faillit arrêter sa carrière :

Les généraux étaient alors odieusement surveillés par des conventionnels ou des commissaires civils qui, pour la plupart[1], aussi ignorants que prétentieux, aussi haineux que fourbes, animés des plus basses passions, détruisaient le prestige des chefs et la discipline, désorganisant ainsi le commandement et l'armée.

Ces espèces de policiers jaloux ne semblaient avoir pour mission que d'envoyer à l'échafaud révolutionnaire des officiers sans reproche et surtout de brillants généraux. Cela exaspérait les gens de cœur.

D'une nature loyale, ouverte, et quelque peu indépendante, le jeune Lannes ne pouvait assister en silence à de telles iniquités, à de telles horreurs.

Son indignation, comme sa franchise, ne connaissait pas d'obstacle dès qu'il s'agissait de soutenir la

---

[1] Il y eut quelques exceptions dignes d'admiration.

vérité ou de défendre le faible contre la lâcheté et l'injustice du fort. Aussi s'emporta-t-il un jour contre le délégué de la Convention jusqu'au point de le frapper. Oser braver et porter la main sur un conventionnel, c'était narguer la guillotine au moment où cet instrument gouvernemental fonctionnait avec rage ; mais Lannes n'était qu'au début de sa mission, et Dieu lui réservait une autre mort.

Dégoûté des infamies dont il était témoin, souffrant d'ailleurs d'une blessure reçue dans un récent duel, il démissionna, quitta brusquement l'armée et revint à Lectoure pour y reprendre modestement son état de teinturier.

« Gueux, meurs-de-faim ! lui dit un marchand de drap nommé Guilhou, voisin de son père, en levant vers le ciel l'aune qu'il tenait à la main, que parles-tu de te remettre teinturier ? il n'y a pas d'eau à boire dans ce métier aujourd'hui ! C'est un drapier qui te parle. Retourne à l'armée, tu y feras ton chemin. »

Étonnante prédiction !

Lannes s'enrôla de nouveau, fut nommé, le 20 juin 1792, sous-lieutenant au 2ᵉ bataillon de volontaires du Gers, puis lieutenant, le 25 septembre 1793. Il reçut une bonne instruction militaire au camp du Miral, où le général de Marbot, père de l'auteur des *Mémoires,* s'intéressa beaucoup « à ce jeune Gascon qui était, disait-il, des plus vifs, spirituel, très gai,... désireux d'apprendre, à une époque où personne ne l'était. »

Le chef de son bataillon était le capitaine Pouzet, qui devint son ami intime et qui, général sous ses ordres, en 1809, fut tué à Essling sous ses yeux.

Le lieutenant Lannes était infatigable.

« Après avoir dansé toute la nuit dans les bals dont nous étions, lui et moi, commissaires, écrivait un de ses camarades, nous bravions la fatigue et la poussière sans en rien éprouver. »

Plus tard, même maréchal de France, il passait une partie de ses nuits à l'étude, tant il avait le désir de s'instruire.

Il prit part aux combats de Port-Vendres, de Collioure, de Banyuls, etc., fut promu au grade de capitaine de grenadiers le 21 octobre 1793, et lorsque cinq ans après il revit le drapier Guilhou, il était général de division. Celui-ci en le voyant passer devant sa boutique lui cria :

« Eh bien, Louiset, avoue que je t'ai donné un fier conseil ; sans moi, tu tirerais encore la savate ! »

Une balle lui ayant traversé le bras gauche au combat de Banyuls (le 30 octobre 1793), il faisait panser sa blessure à Perpignan ; mais le 23 décembre, apprenant qu'on devait attaquer l'ennemi le lendemain, il monta à cheval, le bras en écharpe, et fut mis par le général Basset à la tête d'une avant-garde de cinq cents grenadiers et chasseurs qui devait enlever la grande redoute de Villelongue où se tenait le général espagnol.

Le commandant Lannes, déjà maître des positions avancées, se prépare à l'assaut, lorsque se présente un parlementaire qui lui demande une suspension d'armes de deux heures :

« Est-ce que ton général se f... de moi, répond Lannes, en me demandant un délai au moment où je vais m'emparer de sa redoute ? Je lui accorde dix minutes, le temps de venir croiser le fer avec moi en combat singulier, l'insolent ! »

Le parlementaire fit la commission, le duel eut lieu, les armées en présence ; le général ennemi fut blessé et Lannes, donnant l'assaut, s'empare de la redoute, prend dix-neuf canons et l'ennemi est refoulé !

Nommé chef de brigade et adjudant-général (colonel d'état-major) à la suite de ce fait d'armes, il reçut en même temps l'ordre de retourner à Perpignan pour y soigner ses blessures [1].

A peine guéri, mis à la tête des deux bataillons du Gers, il contribua à la victoire du Boulou (29 avril 1794), dans une bataille qui dura trois journées et à la suite de laquelle il fut mis à l'ordre du jour pour sa belle conduite.

Il montrait déjà ce qu'il était, non seulement un officier intrépide et habile, mais un homme au cœur chevaleresque ; chez lui, l'âme dominait tout. Parmi les prisonniers espagnols se trouvaient bon nombre d'émigrés français qu'un décret de la Convention avait d'avance condamnés à mort, pour avoir été pris les armes à la main ; au risque d'encourir la même peine, le colonel Lannes, quoique imbu des nouvelles idées, se chargea de les rendre à la vie et à la liberté, en les conduisant lui-même jusqu'aux avant-postes

---

[1] A Perpignan, Lannes fut logé quelques mois chez un riche banquier, M. Méric. L'esprit et les bonnes façons du jeune officier le firent apprécier de la famille, particulièrement de Mlle Méric, qu'il épousa *civilement*. Cette union ne fut pas heureuse. Pendant qu'il était en Égypte, il apprit que sa femme qu'il avait dû laisser en France venait, après dix-huit mois de séparation, de mettre au monde un garçon dont elle prétendait lui attribuer la paternité. Il s'ensuivit un procès et le mariage fut annulé ; quant à l'enfant, non reconnu par Lannes, il ne vécut pas longtemps.

ennemis, bravant pour la seconde fois l'horrible échafaud.

« Et c'est ainsi, dit le colonel Fervel, que débutait dans sa carrière militaire, par un acte d'humanité, l'héroïque soldat de Montebello. »

Dans son rapport sur la bataille de Ripoli (Pyrénées), dont le succès fut dû en grande partie à Lannes, le général Lamer, chef d'état-major de la division Augereau, s'exprime ainsi sur son compte :

26 *juin* 1795. — Depuis le commencement de la guerre, ce chef de brigade n'a pas cessé de continuer à donner l'exemple des actions les plus intrépides et les mieux combinées. Tout ce que l'on peut dire de lui est infiniment au-dessous de ce qu'il mérite. »

La réputation du futur maréchal était donc déjà faite quand Bonaparte le distingua en Italie.

Napoléon, à Sainte-Hélène, disait du maréchal Lannes, duc de Montebello :

« Je l'ai pris pygmée et je l'ai perdu géant ! »

Comme on le voit, le nain était déjà de jolie taille. Que devait donc être un géant pour Napoléon ?

CHAPITRE II

1795-1797

De l'armée des Pyrénées, où il s'était déjà couvert de gloire, le chef de brigade Lannes avait été appelé à celle d'Italie (1795), où commandait en chef Bonaparte, qu'il ne connaissait pas encore.

Dès novembre 1795, sous les ordres directs d'Augereau, il culbuta les Autrichiens à Loano, où il remplissait les fonctions de général. Il avait enlevé successivement quatre positions retranchées, défendues par l'artillerie. La part qu'il prit à cette victoire fut telle qu'Augereau le cite dans son rapport dans les termes suivants :

« Cet officier mérite la reconnaissance nationale. »

Sur la proposition du général divisionnaire Laharpe,

Lannes fut nommé au commandement de la 69° demi-brigade.

Bonaparte, qui avait le don de découvrir des hommes, ne tarda pas à remarquer un si brillant officier ; il l'admira bientôt aux combats de Montelegino, de Millesimo et surtout à celui de Dego, où, au moment d'un recul des Français, Lannes lança sa demi-brigade à la baïonnette, reconquit le village, et mit les Autrichiens en fuite en pénétrant dans la gorge d'une redoute et en enlevant par cette manœuvre habile la position la plus importante de l'ennemi.

« ... Malgré son grand savoir, son génie, ses oracles, dit le poète Jasmin, l'homme des hommes sentait bien qu'il lui fallait, pour faire tant de fameux miracles, des hommes à miracle aussi :

« — A moi, Patrie! A moi le monde! » s'écria-t-il, quand au beau milieu de l'Italie Lannes devant lui apparut.

« Et le voilà plus fort que l'ange de la guerre, maintenant qu'il a son second trouvé... Et l'homme ainsi servi sent grandir son génie [1]... »

Bonaparte le mit à la tête des grenadiers d'avant-garde. Cette troupe d'élite, qui déjà avait tant souffert dans les Pyrénées, partageait alors toutes les privations, toutes les misères de l'armée d'Italie. Surmenée, harassée, affaiblie, cette troupe avait soif de repos ; mais Lannes avait le don de ranimer les guerriers, il savait leur parler, leur inspirer confiance, les enflammer et leur suggérer sa volonté ; non par de vains discours, mais par des citations d'exemples, d'anec-

---

[1] Jasmin (traduit du *Gascon*), poésie composée à l'occasion de l'érection de la statue de Lannes à Lectoure, le 25 mai 1834.

dotes, par des conseils pratiques, des réflexions sai-
sissantes ; quelquefois par des blâmes sévères et brefs,
le plus souvent par de chauds et encourageants éloges,
ou par un simple mot, un geste, une attitude, un
regard..., montrant un visage généralement bon et gai,
mais, à l'occasion, sérieux, furieux même et toujours
décidé, jamais inquiet. Cette attitude, il l'imposait à
ses officiers; et, comme les corps subissent les influences
les uns des autres, il façonnait ainsi ses troupes à son
caractère... Sans cesse au milieu de ses soldats, s'occupant d'eux, au bivouac, à la soupe, aux distributions
de vivres et de vêtements, pendant les marches, les
appelant souvent par leurs noms, leur communiquant
son entrain, son enthousiasme, sa gaieté, il se multi-
pliait, faisant sentir partout utilement sa présence et
se montrant surtout au plus fort du danger. Ainsi res-
pecté, admiré et aimé, il entraînait sa troupe partout
où il le voulait et, pleine de confiance, elle ne connaissait plus d'obstacles.

Aussi cette troupe mérita-t-elle presque aussitôt le
surnom de *colonne infernale* que lui donna Bonaparte.

C'est à la tête de ces braves grenadiers que **Lannes**,
devançant l'armée, franchissant seize lieues en trente-
six heures, traversa, avec les mauvaises barques du
pays ou à la nage, le Pô, large de cinq cents mètres.
L'artillerie ennemie faisait d'effroyables ravages dans
les rangs des grenadiers, qui hésitent à avancer sous
cette grêle de mitraille; Lannes voit d'un coup d'œil
que tout est perdu si l'hésitation des soldats se prolonge
plus longtemps. Il arrive au galop :

« Camarades, leur dit-il, ne regardez pas les flots,

ne voyez que les ennemis et la victoire qui nous attend. »

Et aussitôt il s'élance dans le fleuve et aborde le premier sur la rive opposée; chargeant les Autrichiens, il les oblige à se replier en toute hâte, après leur avoir tué trois cents hommes, fait cent cinquante prisonniers, enlevé trois cents chevaux et beaucoup de bagages : Berthier, Masséna, Cervoni, Dallemagne le suivirent de près et le comblèrent d'éloges pour cette action qui donnait à l'armée la liberté de ses mouvements.

De là, Lannes courut sur Plaisance, où il battit encore l'ennemi; il entra le premier à Fombio, village crénelé et bien défendu; pénétra dans Pizzighetone où il fit un grand nombre de prisonniers; poussa les Autrichiens jusque dans Lodi, après avoir passé l'Adda sur un pont balayé par la mitraille; entra triomphalement à Milan avec Bonaparte; brûla Binasco révolté; enfonça à coups de hache les portes de Pavie dont il s'empara sous une pluie de projectiles; enleva le pont de Borghetto; prit de vive force Arquata; défendit le quartier général sous les murs de Mantoue investi et assiégé par le général Sérurier; alla soumettre la principauté de Massa-Carrara, en Toscane; revint devant Mantoue, repoussa à la porte de Stradella une impétueuse sortie, tuant, à la tête de six cents grenadiers, six cents hommes à l'ennemi; enleva le faubourg de Saint-Georges et la moitié du pont..; puis, il se couvrit de gloire à Bassano, où il fut blessé en enlevant de sa main deux drapeaux aux Autrichiens !

A la suite de ce dernier fait d'armes, il est nommé général de brigade (1796), avec cette note du général en chef : « Il est le premier qui ait mis en déroute les ennemis à Dego ; qui ait passé le pont à Lodi, et qui soit entré dans Bassano. » Il n'avait alors que vingt-sept ans.

Quelques jours après, blessé grièvement à Governolo, où plus de quatre mille Autrichiens furent défaits, il fut obligé d'aller se soigner à Milan.

Pendant ce temps, Bonaparte, se sentant débordé par la nouvelle armée qui entrait en Italie avec le général Alvinzi, se retirait à Vérone d'où il écrivait au Directoire : « l'armée d'Italie, réduite à une poignée d'hommes, est épuisée ; les héros de Lodi, de Millesimo, de Castiglione sont morts pour la patrie ou sont à l'hôpital. Il ne reste plus aux corps que leur réputation et leur orgueil. Joubert, *Lannes*, Lanusse, Victor, Murat, Dupuy, Rampon, sont blessés. » Puis, il passait l'Adige à Ranco pour engager la sanglante bataille d'Arcole, où la lutte dura trois jours (les 15, 16 et 17 novembre).

Lannes apprend qu'on se bat ; il saute à bas du lit, ses blessures encore ouvertes, remonte à cheval, rejoint la tête de la colonne, aperçoit Bonaparte qui, un drapeau à la main, cherche à ranimer l'ardeur de ses grenadiers refoulés par le nombre des ennemis ; il le voit, entraîné par ce mouvement de recul, sur le point d'être tué par les Autrichiens qui, s'avançant sur la digue, le dépassaient déjà ; il se jette à son secours, et, lui arrachant le drapeau des mains :

« Ce n'est pas ta place ici, » lui dit-il, et, le poussant dans un marais, il se met entre l'ennemi et lui ; se portant en même temps à la tête des grenadiers, d'un

Reddition de Mantoue (2 février 1797). — D'après le tableau d'Hippolyte Lecomte.

2

élan irrésistible il le dégage, refoule les Autrichiens jusqu'au pont; « puis, couvrant Napoléon de son corps criblé de balles, il reçoit trois blessures et ne veut plus le quitter[1]... »

Aussi quand, en février 1798, le Corps législatif fit hommage à Bonaparte d'un drapeau en mémoire de cette brillante bataille d'Arcole, Bonaparte donna ce drapeau à Lannes qui l'avait si bien mérité.

« Citoyen général, lui écrit-il, le Corps législatif me donne un drapeau en mémoire de la bataille d'Arcole. Il a voulu honorer l'armée d'Italie dans son général. Il fut un instant, aux champs d'Arcole, où la victoire incertaine eut besoin de l'audace des chefs. Plein de sang et couvert de blessures, vous quittâtes l'ambulance, résolu de mourir ou de vaincre. Je vous vis constamment dans cette journée au premier rang des braves. C'est vous également qui le premier, à la tête de la colonne infernale, arrivâtes à Dego, passâtes le Pô et l'Adda. C'est à vous à être le dépositaire de cet honorable drapeau qui couvre de gloire les grenadiers que vous avez constamment commandés. Vous ne le déploierez désormais que lorsque tout mouvement en arrière sera inutile et que la victoire consistera à rester maître du champ de bataille.

« BONAPARTE[2]. »

---

[1] Mémoires de Napoléon. — Voir annexe n° 1, page 204. Lettre de Bonaparte à Carnot.

[2] L'auteur de cette biographie est actuellement le dépositaire héréditaire de ce drapeau.

Après Arcole, Lannes dut retourner à Milan, pour soigner ses blessures; mais dès janvier 1797, à peine guéri, il rejoignit l'armée sur le bas Adige.

Après avoir battu Provera à Anghiari, fait capituler Mantoue et s'être emparé de Faenza, à la suite d'un combat où il fit perdre à l'ennemi six cents tués, mille prisonniers, quinze canons et huit drapeaux, comme il se promenait presque seul au bord de la mer, il se trouva tout à coup face à face avec un corps de cavalerie de trois cents chevaux, commandés par un seigneur romain. Il n'avait avec lui que trois officiers et huit ordonnances, mais il ne perdit pas la tête; à son aspect, la troupe ennemie avait mis sabre au clair : Lannes, en vrai Gascon, paya d'audace. Il courut au commandant, et, d'un ton d'autorité sévère, lui dit :

« De quel droit, monsieur, avez-vous fait mettre le sabre à la main? Sur le champ, sabre au fourreau!

— *Subito* (tout de suite), répond humblement le commandant.

— Pied à terre, ordonne Lannes, de plus en plus impérieusement, et que l'on conduise ces chevaux à mon quartier général.

— *Adesso* (à l'instant), » reprend l'Italien tout tremblant.

Et la chose fut ainsi faite [1]. Sans sa présence d'esprit, Lannes était perdu, car il ne se serait jamais rendu.

Le général Victor avait occupé avec sa division Imola (4 février 1797). Lannes, qui commandait l'avant-garde, avait pris Ancône et Lorette; il se porta,

____
[1] Mémoires du duc de Raguse.

à trois journées de Rome, sur la rivière le Senio, dont la rive, occupée par l'armée papale, était hérissée de canons. Il forma trois colonnes : pendant que l'une traversait le fleuve de manière à tourner l'ennemi et qu'une autre (grenadiers de la Légion lombarde) s'avançait sur les batteries, il attaqua lui-même de front l'ennemi sur le pont qui se trouvait devant lui. Les troupes romaines ne résistèrent pas à une attaque aussi habilement combinée; elles laissèrent entre nos mains quatorze pièces de canon, huit drapeaux, cinq cents tués et mille prisonniers. Cette défaite détermina le pape Pie VII à traiter de la paix (Tolentino). Le général Lannes fut chargé d'en régler les conditions et se rendit à Rome à cet effet; il y fut accueilli par le pape avec la plus grande distinction et mena les négociations avec une habileté remarquable.

De là, il se rendit à Gênes, où il contribua à renverser le gouvernement oligarchique de ce pays, pour le remplacer par une démocratie (septembre 1797).

Enfin, il rejoignit le quartier général au château de Montebello, et après le traité de paix de Campo-Formio (qui laissait la Belgique à la France) il accompagna Bonaparte au congrès de Rastadt.

CHAPITRE III

1798-1799

Bonaparte, avec raison, avait en Lannes une confiance absolue; il l'avait aussi en grande amitié, et ne voulant se séparer de lui il décida de l'emmener en Égypte.

Lannes, qui était déjà dans le secret de l'expédition, en activa les préparatifs, et à cette occasion Bonaparte n'eut qu'à se louer de sa fidélité et de sa discrétion [1].

A la tête d'une brigade de la division Kléber, il participa à la prise de Malte, à celle d'Alexandrie, aux batailles de Chebreiss et des Pyramides.

En arrivant au Caire, après les souffrances d'une marche à travers le désert, l'armée, désillusionnée, fut prise du mal du pays et les généraux (Murat en tête),

[1] Voir annexe n° 2. (Préparatifs secrets pour l'expédition d'Égypte, page 204)

découragés également par la nouvelle du désastre mari-
time d'Aboukir, complotaient, avec force imprécations,
la résistance à leur chef et leur retour dans la mère
patrie. Mais Bonaparte, avec son inflexible autorité, fit
bientôt rentrer chacun dans le devoir. Lannes seul
s'était tenu en dehors de ce complot, quoique porté
aussi au mécontentement par l'ardeur et la sensibilité
de son caractère. S'il partagea un instant la tristesse
de ses compagnons, cela ne dura pas, car sa bonne
humeur et son entrain naturels prenaient toujours le
dessus, même dans les circonstances les plus tristes et
les plus effroyables. Bonaparte lui en fut reconnaissant ; il lui donna une maison au Caire, et le 26 juillet
il le mit à la tête de l'ancienne division Menou, pour
l'expédition de Syrie, laquelle, quelque terrible qu'elle
fut, n'en fait pas moins honneur à nos armes et à la
mémoire de Lannes.

Après s'être distingué à El-Arich (le 20 février 1798),
à Gaza (le 25) et à Quaquoum, il monta le premier à
l'assaut de Jaffa (6 mars). Franchissant la brèche à la
tête de sa division, il s'empara de toutes les tours et
de la citadelle ; et comme un de nos parlementaires
venait d'être traîtreusement massacré par les assiégés,
« la ville éprouva toutes les horreurs d'une ville prise
d'assaut [1], » et la peste s'y déclara.

Lannes prit ensuite la part la plus active au siège de
Saint-Jean d'Acre, malheureux siège qui dura du
19 mars au 21 mai 1798.

Il dirigea le premier assaut (28 mars) et le troisième
(8 mai).

[1] Mémoires de Napoléon.

« L'intrépide général, dit un historien, y marcha avec joie. Avec Rambeaud il s'avance au pas de charge ; leurs soldats se jettent dans les boyaux, escaladent le rempart, et deux cents grenadiers que précède Rambeaud pénètrent dans la place. »

Mais une seconde enceinte arrête ces braves gens, qui sont massacrés avec leur chef.

Lannes s'élance de la brèche pour voler à leur secours, mais une balle lui traverse le cou et il tombe évanoui.

Sa chute fut le signal d'une retraite précipitée, et il allait être égorgé par les Turcs quand un capitaine de grenadiers, le prenant par une jambe, et, sur un sol inégal et semé de pierres, le traînant jusqu'au bas du talus, parvint à le mettre en sûreté.

« Ce mode de transport, racontait Lannes, était peu commode, car ma tête et mon cou meurtri par la blessure éprouvaient de rudes secousses ; mais on fait ce qu'on peut. »

Une fois dans la tranchée, le docteur Larrey lui pansa la plaie ; il en souffrit longtemps[1].

Dix ans après, en 1809, Lannes devenu maréchal de France, duc de Montebello, revenait triomphalement de Saragosse pour aller rejoindre à Paris l'empereur Napoléon.

Il voyageait en voiture avec son aide de camp Marbot, qui, dans ses Mémoires, raconte ce qui suit :

« Comme le maréchal voyageait jour et nuit et ne pouvait supporter l'odeur des mets, nous étions obli-

---

[1] Lannes portait depuis cette époque la tête légèrement penchée sur l'épaule gauche et conserva toujours certain embarras dans le larynx.

gés de jeûner à peu près pendant le relais et de ne
manger qu'en galopant. Je fus donc bien surpris, lorsqu'un soir le maréchal me pria de l'attendre au relais
du Roulet et d'y annoncer qu'il s'y arrêterait une heure
pour souper. Je fus surtout très étonné en voyant que
la maison indiquée n'était pas une hôtellerie. Mais, à
l'annonce de l'arrivée du maréchal, ses habitants font
éclater la joie la plus vive, dressent la table, la
couvrent de mets succulents et s'élancent en pleurant
de joie au devant de sa voiture. Le maréchal, les larmes
aux yeux, embrasse tout le monde, y compris les plus
petits marmots, et comble le maître de poste des
marques de sa plus tendre amitié. Après dîner, il
ordonne à Saint-Mars (son premier aide de camp) de
tirer de son portefeuille une superbe montre en or et
une chaîne de même métal fermée d'un gros diamant,
offre ces bijoux au maître et à la maîtresse de la maison, donne quatre cents francs aux servantes et s'éloigne
au milieu des plus tendres embrassements. Je crus
que cette famille était alliée au maréchal ; mais dès
que nous fûmes en voiture, il nous dit :

« — Vous êtes sans doute étonnés des marques
d'intérêt que je donne à ces braves gens ; mais le mari
m'a rendu un bien grand service, car il m'a sauvé la
vie en Syrie[1]. »

Le maréchal raconta alors ce qui lui était arrivé au
siège de Saint-Jean d'Acre.

Le maître de poste était le capitaine de grenadiers
qui lui avait sauvé la vie ; il avait dû quitter l'armée
à la suite de blessures, et comme, sans fortune, il ne

----

[1] Mémoires de Marbot.

pouvait obtenir la main d'une jeune fille qu'il aimait, Lannes, ayant appris son embarras, l'avait doté et lui avait acheté une jolie maison avec les chevaux de poste et tout le nécessaire.

« Ces braves gens y vivent heureux, disait-il à Marbot, et leur bonheur me fait plaisir à voir ; mais avouez que je devais bien cela à mon sauveur. »

Lannes fut nommé général de division par la décision suivante :

« Le général en chef, voulant donner au général de brigade Lannes un témoignage de satisfaction du gouvernement pour la manière distinguée dont il a servi, tant en Italie qu'en Égypte, campagnes pendant lesquelles il a honoré les armes de la République par des actions d'éclat si souvent répétées, voulant le récompenser des services qu'il a rendus dans l'expédition de Syrie, où il a commandé une division, le nomme général de division.

Signé : « BONAPARTE. »

En quittant Saint-Jean d'Acre il garda son commandement, malgré sa plaie au cou, et il contribua largement au gain de la bataille d'Aboukir, où il commandait l'aile droite de l'armée.

Ce fut lui qui commença l'attaque, gravissant les hauteurs au pas de course et précipitant dans la plaine les Turcs, que Murat put alors balayer avec sa cavalerie et jeter à la mer.

La première ligne ennemie, forte de plus de vingt mille hommes, ayant été ainsi détruite, Lannes se jeta sur la deuxième, s'empara de la redoute et du village d'Aboukir et attaqua le camp du pacha. Celui-ci fut pris avec ses troupes, ses chevaux, ses bagages, ses canons... L'armée turque était anéantie.

Il n'en restait que des débris qui, réfugiés dans la forteresse d'Aboukir, opposaient une résistance désespérée. Lannes les y assiégea; mais, en se rendant maître du fort, il reçut une balle à la jambe, ce qui le força à entrer à l'hôpital d'Alexandrie et à prendre des béquilles. On se demande comment il n'était pas brisé par tant de blessures. Les balles, dit-on, s'aplatissaient sur ses os, tant il les avait résistants.

Enfin il revint en France avec Bonaparte, qui ramenait d'Égypte les officiers qu'il jugeait capables de le mieux servir dans l'accomplissement de l'œuvre qu'il avait entreprise; œuvre qu'il rêvait de mener à bonne fin pour la France, pour l'humanité et aussi pour l'immortalité de sa réputation.

CHAPITRE IV

1799-1800

Le 18 Brumaire (9 novembre 1799). — Mission de Lannes dans le
Midi.

Les États, comme les individus, contractent par leurs vices certain mal interne qui nécessite, tout au moins, un changement de régime, sans lequel ils se décomposent et ne peuvent être sauvés que par une opération violente et dangereuse.

La fière République d'alors en était arrivée, malgré le succès de ses armes, au dernier degré de la maladie ; mais la Providence, qui a ses vues, voulut par bonheur qu'un grand praticien, homme de renom, se trouvât là, avec des aides habiles, tout prêt à opérer.

A peine débarqué d'Égypte, Bonaparte avec Lannes, Murat, Marmont, Berthier, Lefebvre, Sérurier, Regnaud de Saint-Jean-d'Angely, Cambacérès, Talleyrand, son frère Lucien, Sieyès et d'autres, prit ses mesures pour extirper le mal par un coup de maître.

Nous n'avons pas à faire ici l'histoire du 18 Brumaire ; l'opération réussit.

Mais le midi de la France, surtout à Perpignan et
à Toulouse, donnait des inquiétudes ; Bonaparte y
envoya son ami le général Lannes [1], qui, par son tact,
sa popularité et son cœur, sut aussitôt désarmer les
haines jusqu'à transformer le mécontentement en
enthousiasme. Au lieu de sévir, Lannes fit mettre en
liberté tous les prisonniers politiques. « La clémence,
disait-il dans son Ordre, fera plus de bien à la République qu'une sévérité excessive ; » et, quand il passait, tous les citoyens de tous les partis et de toutes
les conditions l'entouraient sympathiquement aux cris
de : « Vive Bonaparte ! »

Aussi écrivait-il au premier consul, le 12 décembre 1799 :

« Un des caractères de la révolution du 18 Brumaire,
c'est que vous seul pouviez la faire. Quel que soit le
mérite de ceux qui ont partagé le péril et la gloire,
dans tous les pays que j'ai parcourus on ne crie ni
vive Moreau ! ni vive Sieyès ! mais vive Bonaparte !
Ceux qui vous aiment de cœur, hommes qui vous ido-
lâtreront si vous donnez la paix, sont les paisibles, les
propriétaires, la masse de la nation, tous victimes
des mouvements politiques excités par les ambitieux. »

Cette délicate mission d'apaisement accomplie avec
succès, le général Lannes fut nommé commandant et
inspecteur de la garde des consuls, à Paris.

En arrivant dans la capitale, il fut chargé de présenter les trente-deux drapeaux pris en Égypte et

---

[1] Commandant les 9e et 10e divisions militaires.

déposés à l'hôtel des Invalides (temple de Mars). Voici
le discours qu'il prononça devant le **général Berthier**,
alors ministre de la guerre :

« Citoyen ministre, voici tous les drapeaux de l'armée ottomane détruite sous vos yeux à Aboukir ! L'armée d'Égypte, après avoir traversé les déserts brûlants,
triomphé de la faim et de la soif, se trouve devant un
ennemi fier de son nombre et de ses succès et qui
croit voir une proie facile dans nos troupes exténuées
par la fatigue et par les combats sans cesse renaissants.
Ignorait-il que le soldat français est plus grand parce
qu'il sait souffrir que parce qu'il sait vaincre, et que
son courage s'irrite et s'accroît avec le danger ? Trois
mille Français, vous le savez, fondent sur dix-huit
mille barbares, les enfoncent, les renversent et les
serrent entre leurs rangs et la mer. La terreur de nos
baïonnettes est telle que les musulmans, forcés de
choisir leur mort, se précipitent dans les abîmes de la
Méditerranée. Dans cette journée mémorable furent
pesés les destins de l'Égypte, de la France et de l'Europe, sauvées par notre courage.

« Puissances coalisées, si vous osiez violer le terri-
toir sacré de la République et que celui qui nous fut
rendu par la victoire d'Aboukir fît un appel à la nation,
puissances coalisées ! vos succès vous seraient plus
funestes que des revers ; quel Français ne voudrait
encore vaincre sous les drapeaux du premier consul ou
faire sous lui l'apprentissage de la gloire ? Et vous,
braves vétérans, vous ne seriez pas les derniers à voler
sous les ordres de celui qui console vos malheurs par
la gloire et qui place au milieu de vous les trophées

conquis par votre valeur. Ah ! je le sais, vous brûlez
de sacrifier la moitié de la vie qui vous reste pour votre
patrie et pour la liberté. »

Lannes ne resta pas longtemps à Paris ; bientôt il
fallut reprendre le harnais de la guerre.

CHAPITRE V

1800

L'avant-garde de l'armée de réserve en Italie : passage du mont Saint-
Bernard. — Combats d'Aoste, de Châtillon, de Bard, d'Ivrée, de
Chiusella, Chivasso, Pavie, Stradella. — Batailles de Montebello et
de Marengo. — Paix de Lunéville.

Le 5 mai 1800, Bonaparte donnait à Lannes le commandement de l'avant-garde de l'armée de réserve et
marchait avec lui vers l'Italie.

Le 15 mai, Lannes franchit le mont Saint-Bernard,
qu'on aurait cru inaccessible à une armée ; et, malgré
des obstacles incroyables, il alla avec une telle rapidité qu'il surprit et battit les Autrichiens partout où
il les rencontra : à Aoste le 16, à Châtillon le 18, cul-
butant tout ce qui s'opposait à son mouvement fou-
droyant[1].

Il apprend que le fort de Bard, situé sur un rocher
à pic, bouche la vallée, très resserrée à cet endroit :
« Qu'on le tourne, » dit-il.

Et, sans s'attarder, il continue sa marche.

« Mais, lui dit-on, six mille Autrichiens commandés

---

[1] Voir Annexe, n° 3, page 205. Lettre de Berthier.

par le général de Briey barrent le seul chemin qui permette de passer.

— Tant mieux! répond-il, nous les battrons. »

Et aussitôt, prenant d'habiles dispositions, il les refoule hors du défilé d'Albaredo, les bat à Carema et le 21 s'empare du village de Bard.

« Mais, lui objecte-t-on, il faut passer sous le feu du fort, ce qui est impossible.

— Bah! bah! répond Lannes, nous passerons sans qu'on s'en doute. »

Et effectivement, pendant la nuit, ayant fait entourer de paille les affûts et les chariots, et prenant mille ingénieuses précautions, il passe le long des escarpements du fort sans être vu ni entendu de ses défenseurs. Accélérant de plus en plus le pas dans cette vallée de la Doire, il arrive le 22 mai devant la ville forte d'Ivrée, et taillant en pièces les six mille Autrichiens qui la défendent, il s'empare de vive force de « cette porte du Piémont », et de là il adresse aux habitants du pays une superbe proclamation [1].

Dès lors, le succès de la campagne est assuré : Bonaparte peut entrer en Italie avec toute son armée.

Mais Lannes ne ralentit point sa course : le 26, il attaque à la baïonnette le camp retranché de Chiusella et la position de Romano, met en déroute dix mille hommes et, malgré les charges réitérées des quatre mille cavaliers de Palfy, il les poursuit jusqu'au delà de Chivasso où il les bat encore et où Bonaparte vint le rejoindre le 28, plein d'admiration pour son intré-

---

[1] Voir Annexe n° 4, page 206.

pide lieutenant. C'est à Chivasso que Lannes donna une nouvelle preuve de l'intérêt qu'il portait aux soldats. Le général Roger Valhubert s'étant plaint au premier consul que ses troupes n'avaient pas reçu leur solde depuis *huit* mois, Lannes n'hésita pas à en faire l'avance de ses propres deniers. Rien ne pouvait l'arrêter [1].

Pendant que l'ennemi se retirait sur Turin qu'il croyait menacé par Bonaparte et pendant que ce dernier faisait le 2 juin son entrée à Milan, Lannes, descendant le Pô, prenait la ville de Pavie, où il trouvait d'immenses approvisionnements et deux cents bouches à feu.

Avant de continuer sa marche, il harangue ainsi ses soldats dont quelques-uns s'étaient livrés au pillage :

« Nous marchons pour recueillir de nouveaux lauriers ; je renverrai sur les derrières de l'armée le camarade indigne qui se souillera d'une atteinte aux propriétés, il expiera dans la nullité et le mépris le crime d'avoir compromis le nom français qui fut confié si grand à son courage. »

Il aurait pu menacer de peines sévères ; mais il estimait que la force morale a plus d'action que toute autre.

De Pavie, il pourchassa l'ennemi jusqu'à Belgiojoso, où, le 6 juin, il passait le Pô et occupait, après une lutte sanglante, l'importante position de Stradella ; mais les Autrichiens, repoussés jusque sur Casteggio,

---

[1] Voir Annexes n°s 5 et 6. — Lettres du général Roger Valhubert à Lannes, page 207, et au premier consul, page 208.

furent alors renforcés (le 8) par treize mille hommes arrivant de Gênes sous les ordres du général Ott.

Lannes n'en continue pas moins sa poussée infernale et nous allons assister à la bataille de Montebello, où il commandait en chef.

il faut avoir, comme nous, pris part à de vraies batailles pour se faire une idée d'un spectacle aussi grandiose!... Si le recul est chose horrible, rien n'est plus sublime que l'émotion qu'éprouve, dans « l'action en avant », un homme de cœur, un homme de foi.

Au début, le corps souffre et souvent même il tremble.

Mais l'âme prend aussitôt le dessus; au milieu du danger, il semble qu'elle se détache du corps pour le mieux remorquer et qu'elle s'élève, qu'elle monte vers la gloire du Dieu des armées, en éclipsant les horreurs de la guerre. Le sol est jonché de cadavres, mais l'élan est donné; les blessés crient en avant et il semble que les âmes des morts concourent encore à l'œuvre des survivants.

« Celui qui tombait, sous l'Empire, dit Louis Veuillot, léguait aux siens l'honneur de son sacrifice et il pouvait croire, en tombant, qu'il agrandissait la patrie. Se soulevant sur ses membres mutilés, du dernier regard de ses yeux et du dernier son de sa voix il saluait l'empereur :

« Sois béni, César, pour la gloire de ma mort. »

Les soldats sont comme ces sensitives qui s'épanouissent ou bien se ferment, se déployant superbement ou se repliant en désordre, suivant le souffle qui les remue.

Et Lannes avait au suprême degré l'art d'éveiller l'âme du soldat.

Le 9 juin, n'ayant avec lui que cinq mille hommes, il se heurte, à Casteggio et à Montebello, au corps du général Ott, composé de plus de quinze mille Autrichiens.

Malgré la résistance opiniâtre de l'ennemi, il remporte la victoire par ses manœuvres de grand capitaine, par sa ténacité et surtout par son irrésistible élan.

Ses soldats allaient succomber sous le nombre; mais, électrisés par les vibrations ardentes de son âme de héros, ils sentent décupler leurs forces, et, par bonds furieux, un contre trois, ils se ruent sur l'ennemi qu'ils dispersent.

Cinq mille Français, sous les ordres de Lannes, avaient battu quinze mille excellents soldats autrichiens, commandés par un de leurs meilleurs généraux.

La victoire était éclatante : l'ennemi avait perdu le tiers de son effectif; sur quinze mille, cinq mille furent mis hors de combat par les cinq mille de Lannes, et le reste prit la fuite jusqu'à Voghera.

Telle fut cette bataille de Montebello, qui ouvrit à notre armée les portes de l'Italie, et dont le nom devint pour Lannes et ses descendants un titre de noblesse qui fait honneur à la France.

Cinq jours après cette belle victoire, Lannes méritait un sabre d'honneur[1], en contribuant largement au

[1] Les consuls prirent l'arrêté suivant daté du 5 juillet : « Voulant donner une preuve toute particulière de la satisfaction du peuple français au général de division Lannes, commandant le centre de l'armée à Marengo, lequel s'est conduit avec autant de bravoure que d'intelligence, les consuls de la

Bataille de Montebello (9 juin 1800). — D'après une estampe de la Bibliothèque nationale. Collection Hennin.

gain de la grande bataille de Marengo, gain que celle de Montebello avait assuré.

Le général Berthier disait dans son rapport :

« A la bataille de Marengo, Lannes a montré le calme d'un vieux général. »

Au moment le plus critique, par une retraite admirable, suivie d'un retour offensif des plus impétueux, il se montra habile tacticien, excellent manœuvrier, et fit preuve tout à la fois d'un sang-froid, d'un coup d'œil et d'une énergie qui rétablirent tout l'avantage de notre côté. En arrêtant les Autrichiens pendant quatre heures, il avait donné à Desaix le temps d'entrer en ligne !...

L'armée ennemie, commandée par Mélas, avait à Marengo une infanterie double de la nôtre, une cavalerie triple et huit fois plus d'artillerie ! Elle perdit neuf mille hommes et nos pertes atteignirent six mille. Voici comment Lannes rend compte de ses mouvements au général Berthier :

« Il n'y a pas eu un seul moment de désordre ; je me suis retiré par échelons sous un feu d'artillerie des plus vifs et chargé par une cavalerie formidable... Je n'avais pas un seul canon pour soutenir ma retraite, et malgré cela elle s'est terminée dans le plus grand ordre... Vous avez ordonné que les troupes que je commande attaquassent de nouveau l'ennemi, en soutenant la droite du général Desaix ; je n'ai jamais vu

République arrêtent ce qui suit : « Le ministre de la Guerre fera donner « au général Lannes un sabre sur lequel seront inscrits ces mots : Bataille « de Marengo, commandée en personne par le premier consul ; donné par « le gouvernement de la République au général Lannes. »

des troupes attaquer avec plus de sang-froid : tout ce qui s'est trouvé devant elles a été repoussé et culbuté une seconde fois au delà de la Bormida. »

Dans ses rapports, il n'oubliait jamais de faire, avant tout, l'éloge de ses soldats et de ses officiers, semblant n'avoir été lui-même que le témoin du combat.

Un mois (du 16 mai au 16 juin) avait suffi à Bonaparte pour disperser l'armée autrichienne! C'est à la rapidité de la marche de Lannes à travers des obstacles réputés insurmontables que l'on doit le succès de cette merveilleuse campagne, qui aboutit à la paix de Lunéville et à la soumission de l'Italie.

Si l'avant-garde, commandée par Lannes, n'était pas tombée comme la foudre sur l'ennemi posté dans la vallée d'Aoste, Mélas, avec l'armée autrichienne, serait arrivé à temps pour barrer le passage et rendre le défilé infranchissable.

Que serait-il advenu?... Mais la France n'avait pas terminé sa mission providentielle!...

CHAPITRE VI

1800-1801

Lannes, chef de la garde des consuls. — Son séjour à Paris. — Son
portrait, ses goûts, son caractère. — Ses rivalités. — Son mariage.
— Baptême de son fils aîné. — Sa haine des Anglais. — Sa prodi-
galité.

De retour à Paris, Lannes reprit ses fonctions de
chef de la garde consulaire.

Il aspirait au repos; cela se comprend, depuis huit
années qu'il guerroyait sans relâche, le corps criblé de
blessures!

Il murmurait contre les ambitieux et la guerre; il
rêvait la vie de famille et, malgré une malheureuse
épreuve, il restait enclin au mariage; il aimait les
enfants; il était simple, naturel et bon, sensible et
tendre, passant vite d'une impression à une autre;
généralement gai; ombrageux et irascible par instants;
mais, ayant un grand empire sur lui-même et essentiellement généreux et franc, il reconnaissait ses torts
et oubliait volontiers ceux du prochain.

Il n'éprouvait de véritable haine que pour les
Anglais.

Toutefois, loin d'être indifférent, il avait ses antipathies comme il avait ses sympathies.

Entre Talleyrand et lui, il y avait complète incompatibilité d'humeur : la diplomatie de l'un ne pouvait s'accorder avec la loyauté de l'autre; il en voulait surtout à Bessières, qui l'avait plusieurs fois desservi, et il n'était pas tendre pour Murat, qu'il admirait beaucoup cependant, mais qui fut son rival, même en amour.

On raconte qu'à Iéna, Murat s'étant attribué tout l'honneur de cette bataille, honneur qui revenait surtout à Lannes, celui-ci, furieux, dit à Napoléon :

« Nous avons combattu plus que lui, Augereau et moi; croyez-vous que je suis homme à me laisser arracher une seule palme? Non! par personne, même pas par votre coq empanaché de beau-frère, qui vient après la victoire chanter *Cocorico!* »

Lannes était distingué et soigneux de sa personne; mais il dédaignait la mode, et ne quitta que deux ans avant sa mort la coiffure à queue et poudrée.

Ce n'était pas un don Juan; il n'était ni coureur, ni joueur; il était sobre, respectait les femmes (croyant facilement à leur vertu), et, timide auprès d'elles, il s'abstenait de leur faire la cour.

« C'était à ce moment (1800), dit la duchesse d'Abrantès, un jeune général de trente-deux ans, d'une taille svelte et élégante (cinq pieds six pouces); son pied, sa jambe et ses mains étaient d'une beauté remarquable; sa figure n'avait rien de beau, mais sa physionomie était très expressive, et quand il s'animait ses petits yeux devenaient énormes et lançaient des éclairs. Il avait une réputation de bravoure qui éclipsait toutes les autres; mais, ajoute la duchesse, peu de succès auprès des femmes. »

Cette retenue, qui certes n'est point un défaut, fut cause qu'il ne devint point beau-frère de Napoléon. Le premier consul, par sincère affection, lui avait réservé sa plus jeune sœur, la séduisante Caroline Bonaparte. Celle-ci hésita d'abord; mais, refroidie par la réserve de Lannes, et détournée par sa belle-sœur, la future impératrice Joséphine à qui Lannes n'avait pas su plaire, détournée aussi par Bessières qui était jaloux de tout, elle préféra Murat, qui devint ainsi le beau-frère de l'empereur, et par la suite roi de Naples.

Lannes se consola en épousant, le 15 septembre 1800, la fille du sénateur comte de Guéhéneuc, une Bretonne de vieille race, d'une incomparable beauté : Louise de Guéhéneuc, dont le frère fut général de division et dont la sœur épousa l'illustre général baron Kirgener de Planta, qui fut tué sur le champ de bataille de Bautzen (combat de Reichenbach, 22 mai 1813) du même boulet qui tua Duroc, duc de Frioul.

C'est en apprenant cette double perte que l'empereur ne put s'empêcher de s'écrier :

« La fortune nous en veut bien aujourd'hui ! »

A ce sujet, nous ne pouvons nous retenir, quoique sortant ainsi du cadre de notre récit, de citer comme modèle de style guerrier la lettre suivante, écrite par l'aide de camp du général Kirgener, au milieu même de l'action :

« Près Reichenbach, le 22 mai.

« L'affaire d'avant-hier n'était qu'une préparatoire et qui devait nous conduire à une grande bataille.

Cette bataille a eu lieu hier. Elle a été complètement gagnée; mais l'ennemi, quoique battu sur tous les points, ne s'est pas laissé entamer. L'empereur, pour profiter cependant de sa victoire, a fait commencer la poursuite aujourd'hui de très grand matin. La forte arrière-garde qui nous était opposée a été culbutée de position. Nous avons fait près de dix lieues. Nous couchons entre Reichenbach et Goritz. L'ennemi commence à être fort en désordre. Il doit nous en tomber quelque chose entre les mains. L'empereur a dirigé lui-même son avant-garde et il y a bien paru par la beauté des résultats. Tout le monde se félicitait mutuellement de la beauté de cette journée, lorsqu'un coup affreux et bien peu attendu est venu troubler la joie commune et plonger particulièrement dans le deuil les officiers du génie. Le brave général Kirgener de Planta a été coupé en deux par un boulet de canon qui a aussi blessé mortellement le maréchal Duroc. La nuit approchait, on venait d'emporter un village que l'ennemi avait vigoureusement défendu. L'empereur traversait ce village, qui est coupé dans sa longueur par un profond ravin. Au milieu du ravin, un coup, un seul coup tiré par l'artillerie ennemie qui était réduite au silence depuis plus d'une demi-heure, un coup emporta à la fois le maréchal Duroc et le général Kirgener dans le groupe même de l'empereur. Nous pleurons tous cette perte et surtout les officiers du génie de la garde qui servaient sous ses ordres et ont été plus à portée que personne d'apprécier ses excellentes qualités... »

La famille de Guéhéneuc possédait de grandes propriétés, elle était fort riche.

La maréchale Lannes.

On lit dans les *Mémoires* de la duchesse d'Abrantès
au sujet de Mme Lannes :

« Sa tête rappelait celle des vierges du Corrège.

Elle était remarquable d'intelligence, de distinction et charmante à tous égards.

« La maréchale duchesse de Montebello, qui, en 1810, devint dame d'honneur et ensuite amie de l'impératrice Marie-Louise, fut non seulement le type de la grande dame de cour, mais le modèle des épouses et des mères. »

Cinq enfants, dont une fille, naquirent de cette union. Lannes aurait vu son rêve réalisé complètement, si la guerre ne l'avait trop souvent éloigné du foyer de ses affections.

A propos de son mariage, il reçut de son ami, le général Augereau, la lettre suivante :

« C'est avec bien de la satisfaction que je vois ton bonheur domestique bien préparé par le choix d'une compagne digne de toi. Tu éprouves que, si trop souvent la justice de Dieu se fait attendre, elle n'en arrive pas moins tôt ou tard. »

A la faveur de la paix (qui, malheureusement, ne devait pas durer), Lannes, chef de la garde consulaire, put séjourner quelque temps à Paris et assister en 1801 à la naissance d'un fils qui fut solennellement baptisé à Notre-Dame, par le légat du pape (le cardinal Caprera); Bonaparte et Joséphine remplissaient en personne, à cette cérémonie, leurs rôles de parrain et de marraine de ce premier-né, nommé Napoléon[1].

Nous avons dit que Lannes détestait les Anglais;

---

[1] Ce fils hérita, en 1809, des titres du maréchal. Créé duc et pair de France héréditaire sous la Restauration, dès 1815, il fut ministre et ambassadeur, député, sénateur, grand cordon de la Légion d'honneur, et mourut en 1874, entouré de ses sept enfants, dont l'auteur de cette biographie.

il ne perdait pas une occasion de faire partager ce sentiment même à Bonaparte, qui, certes, n'avait pas besoin d'y être excité. Après une parade qui s'était prolongée au delà de l'heure du repas, ce qui causait aux officiers une impatience mal déguisée, Bonaparte ayant dit amicalement à Lannes :

« Ce n'est pas à toi qu'il arrive de grogner pour dîner une heure plus tard.

— Oh ! pour cela, non, répondit Lannes ; il m'est pardieu bien égal de manger froid ou chaud, pourvu que tu nous fasses travailler à chauffer un bon bouillon à ces s... Anglais. »

Lannes était le seul qui, dans l'intimité, tutoyait Bonaparte ; il fut le seul, on peut ajouter, qui toujours osa dire crûment toute la vérité à l'empereur

« dont les flatteurs alors environnaient le trône, » dit le poète Jasmin... Mais Napoléon n'a qu'un cœur d'ami ; à Lannes seul il le donne. Lannes seul a la liberté de faire toujours, près de lui, tonner la vérité [1] ».

Hormis comme ruse de guerre, il considérait le mensonge comme un déshonneur honteux ; c'est pourquoi, même en Gascon qu'il était, il ne mentait jamais.

Par sa nature généreuse, il était plutôt prodigue qu'économe. Pour lui, l'argent était fait pour circuler rapidement, et les appointements des hauts fonctionnaires devaient profiter surtout à la chose commune, en concourant au rehaussement du prestige de l'État. Mettre de côté des frais de représentation, c'était à son avis un crime de lèse-patrie ; d'après lui, un fonctionnaire public devait en être du sien.

[1] Poésie de Jasmin (traduite du *gascon*).

CHAPITRE VII

1801-1804

Lannes ambassadeur à Lisbonne. — Il y relève la dignité et le prestige
de la France, rabat la jactance des Anglais, diminue leur influence,
obtient des traités avantageux. — Il devient l'ami du prince régent.
— Il est élevé à la dignité de maréchal de France, de cousin de
l'empereur et de grand aigle de la Légion d'honneur. — Son départ.

Comme chef de la garde consulaire, Lannes habitait
à Paris une maison somptueuse où il tenait table
ouverte, et où Bonaparte allait souvent le visiter au
milieu des grandes illustrations de l'époque.

Large en toutes choses, il y fit en représentation
pour quatre cent mille francs de dettes en quelques
mois. Des courtisans jaloux saisirent cette occasion
pour répandre sur son compte des calomnies que le
général Bessières, commandant en second de la garde
consulaire, s'empressa de porter malicieusement aux
oreilles du premier consul.

Celui-ci, trop crédule, s'emporta au point de menacer
de disgrâce son meilleur officier, son ami le plus
dévoué.

Mais l'honnête Lannes, justement indigné, lui écrivit
cette lettre pleine de fierté et de droiture :

« Paris, le 18 frimaire an X de la République.

« Citoyen consul,

« Le commandement de votre garde m'a entraîné à une dépense de quatre cent mille francs, soit pour monter ma maison, soit pour la police du corps ou pour des gratifications faites à des militaires; vous n'avez pas cru, citoyen général, devoir me passer cette dépense, quoiqu'elle ait été faite par vos ordres et que je n'aie jamais rien reçu au delà de mes appointements.

« Vous connaissez, citoyen consul, ma probité; je ne suis pas riche, j'ai été obligé d'emprunter pour payer toutes ces dépenses; je désirerais que tout ce que je possède suffise à mes dettes; il me restera pour fortune trois balles, deux coups de sabre et trois coups de baïonnette reçus au champ d'honneur.

« Malgré tous les désagréments que j'ai éprouvés depuis que je commande votre garde, par l'influence de ceux qui sont parvenus à m'éloigner de vous, je n'en suis pas moins votre ami dévoué; vous pouvez, citoyen consul, disposer du peu de sang qui me reste, il est à ma patrie.

« Comme ma réputation et mon honneur sont mes biens les plus chers, je vous prie, citoyen premier consul, de vouloir bien autoriser la publicité de ma lettre pour démentir hautement tous les bruits; parce que certaines gens ont voulu me nuire dans l'opinion.

« Salut et respect,

« LANNES. »

3*

Cependant Augereau, voyant dans cet incident un danger pour son compagnon d'armes, vint spontanément lui payer ses dettes [1]. Ce trait de si rare amitié toucha profondément Bonaparte qui, reconnaissant son erreur et regrettant le blâme qu'il avait infligé à Lannes, envoya celui-ci en ambassade à Lisbonne, autant pour lui montrer sa confiance que pour lui faciliter le remboursement du généreux prêt d'Augereau [2].

Le 23 brumaire, il lui adressait la lettre suivante :

« Au général Lannes,

« Le ministre des relations extérieures vous fera connaître, citoyen général, votre nomination à la place de ministre plénipotentiaire et envoyé extraordinaire de la République en Portugal. Je désire que vous portiez, dans la nouvelle carrière que vous allez parcourir, le même dévouement pour la patrie qui n'a pas cessé de distinguer votre carrière militaire.

« Vous ne doutez pas de mon estime et de l'amitié que j'ai pour vous.

« BONAPARTE. »

Ce choix, d'ailleurs, convenait au premier consul qui voyait avec dépit la place que prenait alors l'An-

---

[1] On conçoit que Lannes ait voué une haine profonde à Bessières et une vive reconnaissance à Augereau.

[2] Suivant un très ancien règlement, l'ambassadeur de France arrivant pour la première fois à Lisbonne avait le droit de faire entrer en franchise toutes les marchandises placées sur le navire qui l'amenait. Lannes, suivant l'usage établi, céda ce privilége à des négociants, moyennant quatre cent mille francs, et Augereau fut ainsi remboursé.

gleterre en Portugal; il connaissait les sentiments de
Lannes à l'égard des Anglais, et il y voyait une
garantie pour l'accomplissement d'une mission de ce
genre. Cette mission délicate, Lannes sut l'accomplir
avec grand talent, malgré des difficultés extraordinaires.

Il n'avait, à la vérité, ni les allures dissimulées, ni le
caractère du diplomate de profession, dont la duplicité
est l'outil habituel; mais sa loyauté, sa franchise,
— quoique imprudente quelquefois, — et l'étonnante
finesse de son esprit le servirent à point dans la circonstance.

Dès son arrivée à Lisbonne, il sut prendre le rang
qui convenait à la France; son énergie audacieuse lui
en facilita le moyen autant que son tact, autant
que le respect et la sympathie qu'inspirait sa personne.

Dans une cérémonie officielle, l'ambassadeur d'Angleterre allait passer le premier; l'ambassadeur de
France, profitant d'un couloir, le devance adroitement
et marche dignement devant lui. Cela fit sensation à
la cour, mais le pli en fut pris; l'Anglais remis brusquement à sa place dut passer à l'avenir après le
Français.

Le premier ministre portugais, M. d'Almeida, ayant
opposé à notre ambassadeur des difficultés malveil-
lantes, celui-ci soudainement demanda ses passeports,
et sans autorisation reprit instantanément la route de
France. Par ordre, au premier relais on lui refuse des
chevaux. Il tire son sabre et se fait servir.

Bonaparte, sur l'avis de Talleyrand, dont la politique tortueuse et hypocrite ne pouvait se concilier avec celle de Lannes, si remplie de droiture et de patriotisme[1], crut devoir pour la forme blâmer officiellement celui-ci de sa trop grande brusquerie ; mais au fond il ne pouvait le désapprouver, et après l'avoir boudé quelques jours, refusant même de le recevoir, il entra complètement dans ses vues.

Le ministère portugais fut changé, et les relations ayant été reprises entre les deux pays, Lannes satisfait revint la tête haute à Lisbonne ; il y avait amené sa jeune femme, et tous deux trouvèrent auprès du prince régent et de la noblesse portugaise l'accueil le plus sympathique. Le prince ne savait rien lui refuser ; il le combla de prévenances et de faveurs, il voulut être le parrain de son troisième fils et il ne cessa de traiter l'ambassadeur avec une véritable amitié. L'ambassadrice jouissait aussi à Lisbonne d'une considération exceptionnelle ; le 19 mars 1804, le général écrivait à son beau-père que tout était tourné comme il le désirait et que des traités avantageux étaient enfin conclus[2]. Il ajoutait, en parlant d'une fête à laquelle il venait d'assister : « Louise (sa femme) est entrée un moment avant la femme du ministre anglais (lady Fitz-Gérald) ; tous se sont levés et personne ne s'est assis avant elle. Personne n'a bougé pour l'ambassadrice anglaise ; d'ailleurs, ajoute-t-il, ce doit être comme cela. »

L'influence du maréchal Lannes était si bien établie

---

[1] Voir Annexes nᵒˢ 7 et 8. Lettre de Lannes au premier consul et extrait de sa lettre à Talleyrand, pages 208-209.

[2] Voir Annexe nᵒ 9. Lettre de Lannes à son beau-père M. de Guéhéneuc, page 213.

à Lisbonne, qu'il était en situation déjà de disposer du Portugal au gré de Bonaparte[1].

Ses prodigalités, ses goûts, sa franchise militaire lui avaient acquis l'amitié des grands et la sympathie populaire.

La République française était fièrement représentée[2].

Le premier consul lui en avait témoigné ainsi sa satisfaction:

«... Je suis content du traité que vous avez fait. Nous y perdons des sommes assez considérables, puisque l'Espagne s'était engagée à nous faire donner des subsides par le Portugal pendant toute la durée de la guerre; mais cela paraît se compenser par des avantages acquis à notre commerce, et tous les sacrifices qui seront faits à notre commerce seront toujours dans mon goût et dans l'intérêt public.

« Dans les affaires diplomatiques, il faut marcher doucement et avec réserve et ne rien faire de ce qui n'est pas contenu dans les instructions, parce qu'il est impossible à un agent isolé de pouvoir apprécier l'influence de ses opérations sur le système général.

« L'Europe forme un système, et tout ce qu'on fait sur un point rejaillit sur les autres. Il faut donc du concert...

« J'ai vu avec plaisir M. d'Aranjo, il m'a paru dans des sentiments tels qu'on peut les désirer.

« Vous resterez encore quelque temps à Lisbonne;

[1] Méneval.
[2] Voir Annexe n° 10. Lettre du général Pérignon, page 214.

mais soyez tranquille, on ne frappera point de grands coups sans que vous n'y soyez.

« Votre affectionné,

« BONAPARTE. »

« Mille choses aimables en même temps à madame Lannes[1]. »

En effet, la paix d'Amiens, conclue en 1802 avec l'Angleterre, ayant été rompue, le retour de Lannes devint bientôt nécessaire.

Bonaparte, proclamé empereur (18 mai 1804), venait de lui donner le bâton de maréchal de France, avec le titre de « cousin de l'empereur » et les insignes de grand aigle de la Légion d'honneur; et il avait besoin de son ami pour exécuter son projet de descente en Angleterre.

---

[1] De la main de Bonaparte.

CHAPITRE VIII

1804-1805

Les maréchaux d'Empire. — Sacre de l'empereur. — Projet de descente en Angleterre. — L'armée des côtes devient la grande armée. — Lannes, chef du 5e corps de cette armée. — Combat de Wertingen. — Capitulation d'Ulm. — Prise de Braunau et de Linz. — Bataille d'Amstetten. — Entrée à Vienne. — Surprise du pont de Spitz sur le Danube. — Passage du Danube.

Sous la République consulaire, Bonaparte, par son génie, avait si bien relevé la France, que pour la maintenir au degré où il l'avait placée il dut, selon le vœu du Sénat et de la France entière, accepter la couronne impériale avec toute sa puissance et son prestige.

Le Sénat lui disait :

«... Vous fondez une ère nouvelle, mais vous devez l'éterniser ; l'éclat n'est rien sans la durée.

« Ne différez pas, grand homme, achevez votre ouvrage en le rendant immortel comme votre gloire.

« Vous nous avez tirés du chaos du passé, vous nous faites bénir les bienfaits du présent, garantissez-nous l'avenir. »

Et Bonaparte répondait à Cambacérès qui le premier l'avait salué du titre d'empereur en lui remettant l'adresse du Sénat :

« J'accepte le titre que vous croyez utile à la gloire de la nation.

« J'espère que la France ne se repentira jamais des honneurs dont elle environne ma famille. Dans tous les cas, mon esprit ne serait plus avec ma postérité le jour où elle cesserait de mériter l'amour et la confiance de la grande nation. »

Empereur, son premier soin fut de s'entourer d'hommes de valeur, célèbres à tous les titres, et de leur donner, par la création d'institutions nouvelles, ce relief qui contribue à faire respecter l'autorité, tout en donnant satisfaction à l'orgueil national, orgueil qui fait la grandeur d'une nation et rend ses armées héroïques.

En première ligne, parmi ces institutions, figurait le maréchalat.

Lannes faisait naturellement partie de la première fournée des maréchaux d'Empire. Il s'y trouvait avec les Murat, Ney, Soult, Masséna, Bernadotte, Augereau, Davout, Berthier, Jourdan, Bessières, Brune, Mortier, Moncey, Kellermann, Pérignon, Sérurier, Lefebvre...

Que de grands hommes qui, entraînés par le génie, communiquaient de toute la force de leur âme l'amour de la gloire de la France !

Ils vivaient heureusement dans un temps où la valeur, les talents et le cœur pouvaient jouer un rôle...

L'argent n'était pas tout...

L'État, au lieu d'abaisser les niveaux, les rehaussait...

Sacre de Napoléon en 1804. (Tableau de David, au Louvre.)

Plutôt que des outres infectées du souffle de « sans patrie », on voyait alors des lions enflammés du génie national...

Après avoir assisté avec la maréchale au sacre de l'empereur, Lannes, le 22 mars 1805, fut mis à la tête du 4e corps (avant-garde de l'armée des côtes) destiné à descendre en Angleterre. Il était dans la joie. Malheureusement, la coalition se reforma et Napoléon dut renoncer à son projet grandiose pour se retourner contre l'Autriche et la Russie. Son plan était d'empêcher les deux armées alliées de se réunir, et il n'y avait pas de temps à perdre.

Notre armée des côtes devint donc aussitôt « la grande armée »; celle qui allait vaincre à Austerlitz.

Lannes eut le commandement du 5° corps (corps d'avant-garde), composé de vingt sept mille hommes.

Les sept corps de cette grande armée, ainsi que la cavalerie et la garde, se mirent rapidement en marche, avec Bernadotte, Marmont, Davout, Soult, Lannes, Ney, Augereau, Murat, Bessières; Napoléon à leur tête.

Lannes partit d'Étaples le 27 août, et arriva le 23 septembre à Strasbourg.

En marche, il recevait du prince régent de Portugal une lettre que nous croyons devoir reproduire avec son orthographe primitive; elle montre combien le prince régent appréciait les services que Lannes, son ami, avait rendus aux deux pays pendant sa mission en Portugal :

« A Queluz, 28 septembre 1805.

« Vous voilà à Paris, mon cher maréchal ; on m'avait déjà fait part de votre arrivée ; çà n'était pas votre premier projet et j'étais très éttoné de cet changement. Je suis bien flatté de nouvelles que vous venés de m'aprendre dans votre lettre sans datte ; je vous en remercie et je profitte de cette occasion pour vous remercier aussi vos deux lettres précédentes. Vous allés vous rendre à Mayence auprès de l'Empereur ; tant mieux pour lui et pour vous, mon maréchal, et je dirai encore pour moi, parce que vous ne manque-rés pas à lui rendre conte de tout ce que vous avés vu pendant votre séjour à Lisbonne ; ce que sera fort propre à constater les sentimens qui unissent nos deux gouvernemens. Je vous prie d'assurer Sa Majesté de mon attachement pour sa Personne, et de lui dire que sera un témoignage de son amitié pour moi votre prompt retour ici comme son Ambassadeur. Je suis resté fort content de l'heureux voyage de Mme Lannes ; vous pouvés être sur de la part que je prend pour tout ce que vous regarde.

JEAN. »

Après avoir passé le Danube le 7 octobre, Lannes battit les Autrichiens, à Wertingen, le 8.

Bonaparte, à cette occasion, lui écrivit :

« Mon cousin,

« J'ai vu avec plaisir, dans votre rapport, la bonne conduite des grenadiers d'élite ; il est fâcheux que vous n'ayez pas eu deux heures de plus. Il n'eut pas échappé

un seul homme. Vous vous trouvez toujours dans les
bonnes circonstances; il est vrai que vous vous en

Napoléon Ier. D'après Delaroche.)

tirez toujours fort bien. Mettez à l'ordre des grenadiers
que je suis content de la manière dont ils se sont conduits au combat de Wertingen. »

Et à la formule officielle : « Sur ce, je prie Dieu qu'il vous ait en sa sainte et digne garde; » il ajouta de sa main (ce qu'il ne faisait que pour Lannes seul): « Je vous embrasse de cœur. »

C'est ainsi que Napoléon, comme Lannes, savait encourager son monde. C'est ainsi qu'il se faisait aimer et servir; c'est en faisant vibrer les cœurs qu'il décuplait la valeur de son armée et qu'il grandissait la patrie...

Aussi, le 10 octobre, le maréchal écrivait d'Augsbourg, à la maréchale :

« Tu vois, ma bonne amie, que nous faisons du chemin. Le corps d'armée que je commande a rencontré l'ennemi hier, nous nous sommes battus pendant quatre heures : j'ai fait trois mille prisonniers et environ autant de tués.

« C'est donc moi qui ai ouvert la campagne. J'ai reçu une lettre de l'empereur on ne peut plus aimable; quelle tête que la tête de l'empereur ! L'armée ennemie est plus bloquée qu'elle ne l'était à Marengo; nous espérons que dans huit jours elle sera toute en notre pouvoir. Le maréchal Ney a battu avec succès l'ennemi... Ainsi voilà les Autrichiens en pleine déroute et point de retraite. Les Russes arriveront tout juste pour se faire rosser après qu'il n'y aura plus d'armée autrichienne... »

Lannes voyait juste.

Le 14 octobre, Napoléon, par des manœuvres dignes de son génie, fit investir la formidable place d'Ulm, sur le Danube; elle était commandée par le général Mack. Lannes enleva aussitôt tous les ouvrages avancés de la rive droite et rejeta l'ennemi dans la place, pendant que les autres corps d'armée complétaient l'investissement. La nuit, il franchit les ponts d'Elchingen par une pluie torrentielle, et le 15, à midi, au signal de l'empereur, il enleva avec Ney les positions principales. Pendant cette attaque, voyant Napoléon exposé aux projectiles, il saisit brusquement la bride de son cheval et, de force, il le mit à l'abri, en lui criant, comme à Arcole :

« Ce n'est pas ta place ici. »

Personne ne se permettait de familiarité avec l'empereur, Lannes lui-même observait l'étiquette; mais ici il l'oublia un instant en voulant, une seconde fois, sauver les jours de celui qui, dans le péril, n'était plus pour lui que l'ami qu'il tutoyait naguère.

Puis, toujours au premier rang, encourageant ses troupes par sa parole et son exemple, le maréchal Lannes fond sur la place... et Ulm capitule : trente mille hommes et dix-huit généraux autrichiens déposèrent les armes et défilèrent devant Napoléon, lui laissant quarante drapeaux et soixante canons!

Lannes n'eut pas le temps d'assister à cet imposant défilé; il s'acharna, ainsi que Murat, à poursuivre l'ennemi. Le 18 octobre, il écrivait à la maréchale :

« Je suis très fatigué, mais la fatigue n'est rien quand on est victorieux comme nous le sommes. Il n'existe plus d'armée autrichienne, nous avons fait trente mille prisonniers. Je te prie de voir la princesse Murat et de lui dire que le prince se porte bien. Il y a trois jours et trois nuits qu'il se bat. Mon corps d'armée était avec lui. Nous avons ouvert le bal ensemble et nous le fermons avec les Autrichiens. »

Cette lettre fait honneur au caractère de Lannes. Moins égoïste que Murat, il se plaît à lui donner la part de gloire qui lui revient, et devant l'ennemi, oubliant toute rancune personnelle, il qualifie respectueusement son rival du titre de « prince » auquel lui-même avait aspiré.

En moins de vingt-cinq jours, Napoléon avait dispersé, pris, tué ou mis hors de combat plus de quatre-vingt mille Autrichiens et ramené l'électeur dans la Bavière délivrée.

Après Ulm, Lannes culbute le prince Charles à Gunsbourg et à Albeck; le 22 octobre, il franchit l'Inn et s'empare de Braunau, puis de Linz, capitale de la· Basse-Autriche; le 6 novembre, il emporte à la baïonnette Amstetten, où le fameux Bagration commande les Russes, dont la bravoure et l'acharnement ont toujours été tels, que le grand Frédéric disait en parlant d'eux : « Il faut deux coups pour abattre l'un des leurs, le premier pour le tuer, le second pour le mettre à terre. »

Continuant avec Murat sa course effrénée, il traverse, le 13 novembre, la capitale de l'Autriche et cherche aussitôt, en surprenant l'ennemi, à s'emparer sur le Danube du pont de Spitz que sept mille hommes avec des canons défendent de l'autre rive, la mèche allumée pour le faire sauter au premier signal.

Ici Lannes fait encore preuve d'une audace fabuleuse, et sa ruse de guerre assure le succès de la campagne.

Il était avec Murat et Bertrand en grand uniforme. Tous trois s'engagent seuls sur le pont enfilé par l'artillerie ennemie. On tire sur eux ; ils avancent toujours, en criant que le pont leur appartient en vertu d'un armistice.

Le commandant du poste, voyant ces maréchaux de France, qu'il reconnaît facilement, s'avancer seuls et sans défense, ne peut croire à une folie de leur part ; il fait cesser le feu et va prendre les ordres de son général (général Auesperg), laissant le poste à un sergent. Lannes va à ce dernier et, tout en causant avec lui, le poussant peu à peu, il arrive à l'officier chargé de mettre le feu au pont : celui-ci déjà allongeait le bras avec une mèche toute allumée ; Lannes se jette sur lui et le désarme de sa lance à feu. En même temps, sur un signe de Murat, les grenadiers embusqués à l'entrée du pont s'élancent. Les canonniers ennemis vont tirer, mais Murat et Lannes courent sur eux et, s'asseyant sur les canons, décident l'officier qui commandait cette artillerie à aller en référer à son général. Celui-ci arrive enfin, il perd la tête et se retire avec toutes les troupes confiées à la défense du pont.

Le passage de notre armée put ainsi facilement s'effectuer. Sans ce stratagème inimaginable, la guerre aurait traîné en longueur ; la jonction complète se serait faite entre les alliés sur le Danube, et l'armée française se serait trouvée dans la même situation que cinq ans plus tard, à Essling, où tant de braves, parmi lesquels le maréchal Lannes, devaient succomber.

Sans la témérité de Lannes, qui ne nous coûta rien, nous n'aurions peut-être pas connu la gloire d'Austerlitz !

CHAPITRE IX

1805

Combats d'Hollabrunn et de Schœngraben. — Horrible incendie. —
Bataille d'Austerlitz.

Le passage du Danube se trouvant ainsi assuré, le
maréchal Lannes ne perd pas une minute : il s'éloigne
de Vienne, cherche à atteindre les Russes du côté de
Brünn, en Moravie; attaque le prince Bagration et le
repousse à Hollabrunn et à Schœngraben. Là, les
Russes firent éclater un incendie qui fut terrible par
ses effets; les cadavres des hommes et des chevaux
tués et blessés pendant le combat avaient tellement été
brûlés, dit Marbot, qu'il se répandait à plusieurs lieues
à la ronde une épouvantable odeur de chair grillée
qui soulevait le cœur.

A propos de cette affaire, où Lannes fit encore
preuve d'une témérité effrayante, Napoléon lui écrivit
la lettre suivante où l'on voit tout l'intérêt qu'il lui
portait :

« A Znaïm, le 27 brumaire, à 9 heures du soir.

« Mon cousin, je reçois votre lettre d'aujourd'hui
qui m'apprend la bonne nouvelle que le général Sebas-

tiani vient d'enlever douze cents Russes. Mais le dernier paragraphe de votre lettre me fait de la peine. Je vous reproche constamment de trop vous exposer, et ce n'est vraiment pas m'aimer que d'exposer ainsi mes meilleurs amis[1]. Si j'en voulais hier à quelqu'un, c'était à Walther, parce qu'il faut qu'un général de cavalerie suive toujours l'ennemi l'épée dans les reins, surtout dans les retraites; que je ne veux point qu'on ménage les chevaux quand ils peuvent prendre des hommes, et parce que j'ai la conscience qu'on pouvait faire hier ce qu'on a fait aujourd'hui. On ne m'a amené hier que quelques blessés, et après la manière dont vous aviez battu l'ennemi, j'espérais un millier d'hommes. Si l'on a fait aujourd'hui ce qu'on devait faire hier, je suis satisfait et je n'y pense plus. Il m'en a beaucoup coûté de donner cette journée de repos aux grenadiers, mais j'y ai été porté par la pensée qu'il vaut mieux avoir une victoire moins complète que d'exposer de si braves gens à être malades. J'aspire après le moment où je pourrai les faire reposer un ou deux mois. Vous allez recevoir des ordres de mouvement. J'espère que nous serons demain à Braïm. C'est une grande et belle ville. Ce qui est nécessaire pour bien asseoir notre position, car on ne peut rester dans une ville comme Vienne comme avant-poste. Ménagez-vous et ne doutez jamais de mon amitié.

« NAPOLÉON. »

---

[1] C'est le même reproche que Louis XV faisait adresser à un illustre devancier de Lannes, le célèbre maréchal de Saxe; en écrivant au dauphin pour le charger d'annoncer l'heureuse nouvelle de la victoire de Lawfeld

Pendant ce temps, Napoléon concentrait sa grande armée et nous arrivions à Austerlitz avec soixante-huit mille combattants.

Le 1er décembre, les alliés, dont le nombre s'élevait à plus de cent mille hommes, avaient pris position par une manœuvre enveloppante dont Napoléon allait profiter pour donner au monde le spectacle de la plus brillante des victoires. Un ruisseau coulant au fond d'un vallon séparait les deux armées. La droite de l'ennemi s'étendait au delà de la route d'Olmutz; son centre occupait le plateau de Pratzen et sa gauche se massait près des étangs ou marais de Menitz, avec l'intention bien évidente de se jeter sur notre droite, qui lui semblait être notre point faible, et de nous couper la retraite sur Vienne.

Napoléon, à première vue, avait deviné ces projets; et dès la veille au soir son plan était si bien arrêté, si bien expliqué aux maréchaux, que le grand homme dormit sans inquiétude jusqu'au lendemain, jour de soleil et de gloire, où dès l'aube, après avoir animé ses troupes, il donna le signal de la fête.

Davout, à notre droite, en masquant habilement ses troupes, devait attirer l'ennemi de son côté afin de permettre à Soult de le déborder par une conversion à droite et de le noyer dans les marais, pendant que Bernadotte enfoncerait le centre et occuperait le plateau.

Lannes, commandant l'aile gauche, et Murat, chef

(2 juillet 1747) à la jeune dauphine Marie-Josèphe de Saxe, nièce de Maurice de Saxe et future mère de Louis XVI, Louis XVIII et Charles X:

« Dites-lui que notre général n'a jamais été si grand, mais de le gronder, en le complimentant, de s'être exposé comme un grenadier. »

Bataille d'Austerlitz.

de la cavalerie, devaient au contraire gagner du terrain en avant du mont Santon, et en la brisant refouler la droite ennemie qui, très renforcée, méditait d'accabler notre gauche pour la rejeter sur le centre et nous couper toute retraite vers la Bohême.

Tout se passa comme il avait été arrêté : pendant que Bernadotte, Soult et Davout, dirigés par Napoléon, détruisaient le centre et la gauche des alliés, Lannes, aidé de Murat et ayant sous ses ordres les futurs maréchaux Suchet, Oudinot, et les fameux divisionnaires Claparède, d'Hautpoul, Cafarelli, Kellermann et autres illustres généraux, eut l'honneur, par son habileté et son impétuosité habituelles, de vaincre complètement le plus distingué des généraux russes, le prince Bagration, dont il défit la belle armée après l'avoir coupée en deux, rejetant les uns à droite sur le centre déjà écrasé, et dispersant les autres à gauche, vers Olmutz[1].

Il y eut en réalité, dans cette grande journée, deux batailles distinctes que l'on confondit en une seule sous le nom d'Austerlitz.

Lannes eut sa bataille à gauche, où il commandait en chef, comme plus tard Davout aura la sienne, à Auerstædt (Iéna), à l'extrême droite.

La double bataille d'Austerlitz coûta à l'ennemi dixneuf mille prisonniers, dix mille tués, dont beaucoup de noyés; nos pertes furent de dix mille tués ou blessés.

---

[1] « ...A cinq heures du soir la bataille était perdue sur tous les points. Plus de cent bouches à feu étaient tombées au pouvoir des Français. Tout le corps d'armée de Prsczebichewsky avait mis bas les armes. Les autres colonnes, ayant perdu la moitié de leurs hommes, se repliaient en troupes débandées...

« LÉON TOLSTOÏ. »

Aussitôt on négocia la paix, qui fut signée, le 26 décembre, à Presbourg.

Dès le 4 décembre, le maréchal écrivait à sa femme :

« ... Comment as-tu pu me dire que je ne t'aime pas parce que je n'écris pas plus souvent? Tu ne peux te faire une idée des marches forcées que nous avons faites...

« Depuis mon départ de Paris, je ne me suis pas déshabillé quatre fois. Je t'ai écrit par un courrier du prince Murat; je t'ai fait part de la belle bataille que nous avons eue avec les armées russe et autrichienne, fortes de plus de cent mille hommes contre la nôtre de soixante mille. Nous avons tout culbuté, tout tué ou pris : on n'a jamais vu un carnage pareil. Je ne veux plus te parler de guerre, nous nous reverrons dans un mois. Que ce mois sera long ! »

Lannes n'aimait pas les juifs. Au lendemain d'Austerlitz, des misérables dépouillaient les morts et les blessés qui couvraient encore le champ de bataille :

« Voyez-vous ces vampires, disait-il, ça ne peut être que des juifs; ils se ressemblent tous : le juif, c'est l'ulcère de l'humanité... qu'on les détruise ! »

Un agent diplomatique secret de Napoléon écrivait « qu'ils étaient semblables aux métaux dont ils diminuaient le poids et altéraient la qualité, filtrant et s'insinuant continuellement dans toutes les classes de la société, sans jamais appartenir à aucune ».

CHAPITRE X

1806

Le maréchal Lannes à Lectoure et à Paris.

Après Austerlitz, Lannes, prenant un congé, se rendit à Paris et à Lectoure. Il avait hâte de revoir sa ville natale qu'il n'avait jamais oubliée. Il y fut accueilli triomphalement et eut encore l'occasion et la joie de combler de prévenances et de bienfaits ses plus modestes compagnons d'enfance et de jeunesse. On lit à ce propos, dans l'excellent livre que le général Thoumas a consacré à ce héros :

« L'apprenti teinturier, qui avait quitté son pays natal comme lieutenant dans les volontaires du Gers, y avait fait depuis lors de courtes apparitions. Il y revenait cette fois dans tout l'éclat de la renommée acquise à Montebello, à Marengo, à Austerlitz. On a prétendu que les bourgeois de Lectoure, pour donner sans doute raison au vieux dicton : « Nul n'est pro-« phète dans son pays, » accueillirent avec une jalousie marquée et une froideur affectée l'illustre guerrier dont la gloire devait rejaillir sur leur cité. Il est possible qu'au début ce sentiment, trop fréquent dans les

4*

petites localités, se soit manifesté dans une certaine mesure, mais tous les témoignages s'accordent à représenter le nom de Lannes comme étant depuis longtemps populaire dans le pays et sa mémoire comme vénérée de tous. Son caractère loyal, franc et ouvert, ainsi que sa générosité, lui firent des amis de ses compatriotes à tous les degrés de l'échelle sociale, et ses parents ne furent pas seuls comblés de ses bienfaits.

« Les plus petits services rendus autrefois au jeune Lannes furent payés au centuple par le maréchal. Un de ses amis lui avait, dans un moment d'embarras, prêté mille francs ; il lui donna, en retour, une très belle maison avec un jardin.

« Les compagnons de son enfance et de sa jeunesse, si humble que fût leur origine, trouvèrent près de lui le même accueil que s'il était resté leur égal. Les sentiments libéraux qui l'animaient dans les rangs des armées républicaines n'avaient pas été étouffés en lui par les grandeurs impériales. Témoin le fait suivant : Pendant un de ses séjours à Lectoure, il se rendait à Auch, où il était attendu à la préfecture pour dîner ; sur la route, il rencontra un paysan conduisant au marché une charrette de bois ; il le reconnut aussitôt pour un de ses compagnons d'enfance, le fils d'un honnête cultivateur. Profondément ému, le maréchal ne dit rien à cet ancien camarade, mais il le fit suivre par un de ses aides de camp, avec ordre de le lui amener. A peine arrivé à la préfecture, où on l'attendait en grande pompe, il demanda au préfet la permission d'inviter à sa table et de faire asseoir à son côté un ami d'enfance qu'il venait de rencontrer. En effet, quelques instants après, le brave garçon, à la figure honnête, sous la conduite de l'aide de camp, fait son entrée dans le salon, ne sachant ce qu'on voulait de lui et fort troublé de se voir ainsi amené devant les plus hauts personnages du pays. Lannes le rassure en l'embrassant, le présente et le traite pendant tout le dîner comme il eût traité un frère.

« Jamais, paraît-il, un enfant de Lectoure ne fit vainement appel à la protection et à la bienveillance du maréchal Lannes. »

Le général Thoumas ajoute :

« Jamais, m'écrit un vieillard qui avait déjà l'âge de raison lors de la mort du duc de Montebello, on n'invoqua son patronage sans en tirer profit. »

Après la mort du maréchal, la duchesse, sa veuve, témoigna au pays de son mari la même bonté en souvenir de lui. Elle fit don à la ville de Lectoure des importants bâtiments de l'ancien évêché, que l'empereur lui avait donnés et où sont installés aujourd'hui la sous-préfecture, la mairie et le tribunal (moins un appartement réservé à la famille de Montebello)[1].

De retour à Paris, Lannes goûta quelques mois la vie de famille, ne négligeant ni les devoirs de sa haute situation, ni les études par lesquelles il se perfectionnait sans cesse. Dans ses loisirs, il s'occupait même d'agriculture, cherchant à acclimater des races de moutons angora dans son immense domaine de Maison (aujourd'hui Maisons-Laffitte), dont il n'existe plus que le magnifique château.

---

[1] Voir Annexe n° 32, page 236. Lettre de la duchesse de Montebello au sous-préfet de Lectoure.

C'est là que le maréchal aimait à venir oublier les soucis de l'étiquette de cour.

Un jour qu'il s'y amusait à tirer des alouettes en compagnie de la générale baronne Kirgener de Planta, sa belle-sœur, qui faisait tourner le miroir, un courrier de l'empereur vint l'inviter à se rendre aux Tuileries où son absence avait été très remarquée.

Tout en continuant de tirer, le maréchal s'écria avec sa franchise toute militaire :

« Dites à l'empereur que je suis à ses ordres pour rejoindre l'armée ; mais s'il s'agit de tout autre chose, dites-lui bien que je chasse aux alouettes ! »

Peu de temps après, la guerre était déclarée à la Prusse ; et dès le 5 octobre 1806 il reprenait le commandement du 5° corps, ayant Suchet et Gazan pour divisionnaires, Reille, Vedel, Claparède, Campan, Treilhard, Graindorge pour brigadiers.

CHAPITRE XI

1806

Napoléon concentra avec une étonnante rapidité sa
grande armée cantonnée en Allemagne. Son plan con-
sistait à traverser les défilés de la Thuringe pour se
jeter sur les communications de l'armée prussienne.
Dans ce mouvement, le 5ᵉ corps, commandé par le
maréchal Lannes, devait former le pivot et se trouver
le plus exposé de tous. L'armée prussienne, sous les
yeux du roi lui-même, était dirigée par des hommes
de grande valeur : le duc de Brunswick, le prince de
Hohenlohe, le prince Louis de Prusse.

Lannes, toujours à l'avant-garde, se rendit maître
de Cobourg le 8 octobre, et battit le 10, à Saalfeld, le
prince Louis, auteur principal de la guerre.

« Profitant habilement des hauteurs au bas desquelles
le prince Louis avait imprudemment déployé ses
troupes, il les fit d'abord mitrailler par son artillerie ;
et, dès qu'il les eut ébranlées, il lança plusieurs
masses d'infanterie qui, descendant rapidement des
hauteurs, fondirent comme un torrent impétueux sur

les bataillons prussiens et les enfoncèrent en un instant. Le prince Louis éperdu, ajoute le témoin oculaire [1], se mit à la tête de sa cavalerie. Il obtint d'abord quelque succès, mais nos houssards, ayant fait avec furie une nouvelle charge, rejetèrent la cavalerie prussienne dans les marais, tandis que leur infanterie fuyait en désordre devant la nôtre.

« Au milieu de la mêlée, le prince Louis, s'étant trouvé aux prises avec un sous-officier du 10e houssards qui le sommait de se rendre, répondit par un coup du tranchant de son épée qui coupa la figure du Français ; alors celui-ci, passant son sabre au travers du corps du prince, l'étendit raide mort !

« Après le combat et la déroute complète de l'ennemi, le corps du prince Louis ayant été reconnu, le maréchal Lannes le fit honorablement porter au château de Saalfeld. Il y fut remis à la famille princière de ce nom, alliée à la sienne et chez laquelle le prince avait passé la soirée précédente à se réjouir de la prochaine arrivée des Français et même à donner un bal aux dames du lieu. A présent, on le leur rapportait vaincu et mort ! Cette nouvelle jeta la consternation dans l'armée ennemie dont il était adoré [2]. »

Le 13 octobre, Lannes s'empara d'Iéna par un brouillard tellement épais qu'il dut suspendre sa marche. Un prêtre catholique saxon, qui avait ses raisons pour détester les Prussiens, lui indiqua dans le bois un sentier qui gravissait les hauteurs. Lannes s'y

---

[1] Marbot.

[2] Mémoires de Marbot. — Voir Annexes nos 11, 12 et 13, pages 214, 215, 216. Rapport et lettre de Lannes à l'empereur ; lettre de l'empereur.

fit conduire par ce brave curé, balaya les avant-postes ennemis ; et, le brouillard s'étant dissipé, il aperçut l'armée prussienne rangée sur trois lignes occupant, sur un développement de plusieurs lieues, le plateau qui s'étend entre Iéna et Weimar. A cet aspect, il s'écria joyeux :

« Je les tiens ! Allez prévenir l'empereur ! »

Napoléon, après avoir donné ses ordres autour de lui, arriva sur la hauteur où Lannes l'attendait avec son corps d'armée déjà installé, et dès lors certain du succès, comme à Austerlitz, il dormit près de Lannes, de une heure à quatre heures du matin, sous un petit abri de paille établi par ses grenadiers.

Nous voilà au 14 octobre, jour de la grande bataille d'Iéna, où les Prussiens furent complètement terrassés.

Dès son réveil, Napoléon donna ses dernières instructions à Lannes et parcourut le front des troupes éclairées par des torches, aux cris enthousiastes de :

« En avant ! vive l'empereur ! »

Les Prussiens, ayant entendu ces cris, prirent les armes. Malgré le brouillard, Lannes, avec son corps d'armée seul, se jeta en avant, refoulant tout sur son passage ; et, après la plus vive résistance, se rendit maître du plateau beaucoup plus rapidement encore que ne s'y attendait Napoléon ; tellement que le reste de l'armée n'avait pu suivre et qu'il fallut lui donner le temps d'entrer en ligne. De là un utile moment d'arrêt que l'empereur mit à profit pour rectifier ses ordres.

Augereau appuya sur la gauche ; Ney occupa le vide qui s'était formé entre Augereau et Lannes. Soult suivait ; Murat n'avait pas besoin qu'on lui dise de se tenir prêt à charger.

A cet instant, le brouillard se dissipe et l'empereur donne le signal de l'attaque sur toute la ligne.

Lannes d'abord, entraînant son corps d'armée dans un ordre parfait, pousse jusqu'au centre même de la position des Prussiens, position formidable, défendue par des forces énormes et par plus de cent canons.

Mais la mêlée commence : s'étant mis en tête du 100e de ligne, Lannes est entouré par l'ennemi et dégagé par le 103°. En tête de ces deux régiments, il se lance à la charge, rallie trois autres régiments et enlève tout son corps d'armée qui renverse l'ennemi. Malgré un coup de mitraille qui déchire ses vêtements et écorche sa poitrine, son cheval se cabrant à la renverse, il s'écrie, sans même s'apercevoir du danger qu'il court :

« Les voyez-vous, ces Prussiens, la route se couvre de leurs canons, ils fuient tous sur Weimar. »

Et se tournant vers ses aides de camp :

« Courez en avertir l'empereur, » leur dit-il.

En effet, la victoire était complète.

Pendant que Lannes enfonçait ainsi le centre, Augereau, Ney, Soult et Murat repoussaient la droite et la gauche ; et Davout, à l'extrême droite, se couvrait de gloire en gagnant à lui seul la bataille d'Auerstædt.

L'intrépide Murat, avec sa cavalerie invincible, se mit à la poursuite de l'ennemi et compléta sa défaite.

Cette double bataille d'Iéna-Auerstædt nous coûta onze mille hommes tués ou blessés ; les Prussiens y perdirent vingt-deux mille tués ou blessés, plus dix-

huit mille prisonniers, total quarante mille, et un grand
nombre de canons, de drapeaux, etc.

Lannes, trois jours après, écrivait de Naumbourg à
la maréchale :

« ... Tu auras sans doute vu le bulletin de la grande
bataille où l'armée prussienne fut détruite en grande
partie ; les hommes les plus marquants de cette armée
ont été tués ou pris. Ainsi, voilà notre empereur maître
du monde. Il s'est bien exposé ; je te donne ma parole,
ma bonne amie, qu'il m'a fait souffrir comme il n'est
pas possible. Il paraît que nous allons à Berlin. Mon
corps d'armée, qui s'est battu presque tout seul, s'est
couvert de gloire. Ce n'est pas à moi à en faire l'éloge.
Je laisse faire l'empereur qui lui rendra justice. »

Le 18 octobre, Lannes recevait du prince Ferdinand
de Prusse (frère du grand Frédéric) la lettre autographe
suivante :

« Berlin, le 18 octobre 1806.

« Monsieur le général,

« J'ai passé ma soixante-seizième année, les infir-
mités, suites naturelles de la vieillesse, ne sauraient
me permettre de me déplacer : comme les troupes de
Sa Majesté l'empereur des Français et roi d'Italie, que
vous commandez, approchent de la capitale, je m'adresse
à monsieur le général pour demander si je puis rester
tranquillement ici. Je connais depuis un long espace
de temps la loyauté de la nation française, laquelle
m'est un sûr garant qu'on ne troublera pas le repos
d'un vieillard qui n'a que peu de temps à vivre.

« J'ai l'honneur d'être avec une parfaite estime et considération, monsieur le général, le très affectionné ami et serviteur,

« FERDINAND. »

A cette lettre, Lannes répondait :

« Potsdam, le   octobre 1806.

« J'ai reçu la lettre que Votre Altesse royale m'a fait l'honneur de m'écrire, et je me suis empressé de la communiquer à Sa Majesté impériale et royale.

« Sa Majesté me charge de dire à Votre Altesse royale que non seulement elle peut rester parfaitement tranquille à Berlin, mais encore que nous sommes tous aux ordres de Votre Altesse royale.

« Sa Majesté impériale connaît depuis longtemps les sentiments de Votre Altesse royale pour les Français et pour la paix, elle a la meilleure opinion possible de ses hautes qualités personnelles.

« En mon particulier, je me trouverai toujours heureux lorsque je pourrai faire quelque chose qui sera utile à Votre Altesse royale, et je la prie de croire que j'ai pour sa personne les sentiments du plus profond respect... »

Le 21 octobre, de Dessau, Lannes écrivait à sa femme :

« Je ne puis te donner de mes nouvelles, ma bonne amie, comme je le voudrais ; mais en marche nuit et jour, mon corps d'armée passe l'Elbe dans ce moment. Je pense que nous serons à Berlin dans cinq jours.

L'armée ennemie, depuis la dernière bataille, a disparu. Je ne vois pas que nous puissions avoir une autre bataille... »

Le 25 octobre, il lui écrivait encore de Potsdam :

« ... Il faut avouer, ma chère amie, que c'est une campagne bien extraordinaire. Il faut avouer aussi que notre empereur est un bien grand homme. Si tu le voyais ! Il a l'air de s'amuser. Tu ne peux pas te faire une idée combien on l'admire dans tout ce pays. C'est aujourd'hui le 24. Il n'y a pas encore un mois que nous sommes partis ; en vérité, ma chère amie, ça a l'air d'un songe... Cette grande armée prussienne qui voulait venir à Paris a dû partir comme l'éclair. »

A cette époque, on était vraiment fier d'être Français.

La France était alors à son apogée de prospérité et de grandeur, et si Dieu avait permis que la guerre cessât, si Napoléon avait écouté les sages conseils que Lannes lui donnait, une paix florissante aurait pu succéder à une guerre glorieuse.

Mais la guerre dura par la force des choses.

CHAPITRE XII

1806

Lannes et Murat à la poursuite des Prussiens. — Prise de Spandau.
— Capitulation de Prenzlow. — Oubli de Murat.

Dès le lendemain de cette grande bataille d'Iéna, Lannes se lança avec Murat à la poursuite des débris de l'ennemi, vers l'Elbe qu'il franchit le 21, après avoir traversé Dessau.

Se dirigeant rapidement sur Potsdam, il prit la citadelle de Spandau[1] le jour même où Napoléon entrait à Berlin ; puis, par des marches forcées à travers un pays misérable où les vivres manquaient, il chercha à atteindre le prince de Honhenlohe, qui gagnait de vitesse en fuyant. Murat précédait Lannes avec sa cavalerie, et celui-ci arrivait toujours sur le terrain pour le dégager et accabler l'ennemi.

Il écrivait à l'empereur :

« Nous voilà sur notre cavalerie, j'espère qu'il n'échappera pas grand monde de la colonne Hohenlohe. Nous sommes fatigués, nous avons marché toute la nuit ; mais je sais qu'il faut cela pour couper les

[1] Voir Annexe n° 14. Ordre de Berthier, page 217.

colonnes ennemies et mettre notre cavalerie à même de les poursuivre avec sécurité... »

Et l'empereur répondait:

« ... Je vois avec plaisir l'activité que vous mettez dans vos mouvements... Poussez le prince de Hohenlohe[1]. »

Le 28 octobre, attaqué par Lannes, le prince capitulait à Prenzlow avec seize mille fantassins, six régiments de cavalerie, quarante-cinq drapeaux et soixante-quatre pièces d'artillerie attelées[2].

Ce succès était dû surtout à l'infanterie de Lannes, et tandis que celui-ci, dans son rapport à l'empereur, ne vantait par modestie que la conduite de Murat, ce dernier, dans le sien, oubliait de parler de Lannes et de son corps d'armée; si bien que, dans le bulletin officiel du 29 octobre, tout est pour le prince Murat et sa cavalerie.

Lannes, mécontent, écrivit à l'empereur et à Murat les lettres suivantes:

« Passevalck, 31 octobre 1806.

« A l'empereur.

« J'ai reçu l'ordre du jour concernant la prise du corps du prince Hohenlohe. Votre Majesté doit sentir tout mon étonnement de ne pas y voir figurer mon corps d'armée.

« Je n'ai pas pu, sire, communiquer cet ordre aux soldats que je commande; ils en eussent été trop affectés et cela n'aurait produit qu'un mauvais effet.

1 Voir Annexe n° 15, page 217.
2 Voir Annexe n° 16, page 218.

Quant à moi, sire, mon amour pour votre personne me mettra toujours au-dessus de toutes les injustices.

« J'ai l'honneur de faire passer à Votre Majesté copie de la lettre que j'ai écrite au grand-duc de Berg. Votre Majesté jugera par là de ma conduite dans cette circonstance et dans toutes les autres, ainsi que de celle du 5ᵉ corps d'armée…

« J'ai l'honneur de prévenir Votre Majesté que quinze cents hommes, presque tous du corps de l'artillerie, deux cents dragons, trente pièces de canon, soixante caissons et beaucoup de chariots remplis de munitions se sont rendus hier à mes avant-postes ; je fais filer le tout bien attelé sur Spandau… »

« Passevalck, 31 octobre 1806.

« A Son Altesse impériale le grand-duc de Berg.

« Je reçois l'ordre du jour concernant la prise du corps du prince de Hohenlohe ; le 5ᵉ corps d'armée verra avec la peine la plus vive qu'il n'y est fait aucune mention de lui.

« J'avais fait part de la prise de cette colonne à Sa Majesté impériale. Je ne lui avais pas parlé de mon corps d'armée, croyant que Votre Altesse lui rendrait justice dans son rapport. J'avais dit seulement à Sa Majesté que Votre Altesse avait fait la plus belle charge qu'on eût jamais vue ; sans doute que les grandes occupations de Votre Altesse lui ont fait oublier que j'étais à ses côtés, que j'avais mon avant-garde avec moi, et que je lui avais moi-même amené

le chef d'état-major du prince Hohenlohe qui demandait à se rendre.

« Que Votre Altesse me permette encore de lui
dire ce que j'ai fait pour la mettre à même de poursuivre l'ennemi. Votre Altesse impériale me fit dire
le 26 qu'elle était à Zehedenick et qu'elle me priait
de faire suivre l'infanterie afin de se porter elle-même
en avant; j'étais alors avec mon corps d'armée à
Orianenbourg. J'en partis le même jour 26 à dix
heures du soir, et j'arrivai le lendemain au soir 27 à
Templin, où je trouvai la division de dragons du
général Beaumont. A mon arrivée à Templin, j'eus
l'honneur d'écrire à Votre Altesse que je pensais qu'elle
se dirigerait avec toute sa cavalerie sur Prestzlaw,
Passevalck et Unkermunde; que j'allais faire marcher la
division Suchet sur les mêmes points pour soutenir la
cavalerie, et me mettre moi-même à la poursuite de l'ennemi avec la division Gazan et la cavalerie légère du
5° corps. A peine aviez-vous reçu ma lettre, que l'adjudant-commandant Gérard vint m'annoncer de votre part
que le général Milhau s'était emparé du pont de Boitzensbourg et qu'il ne pouvait vous échapper personne
de l'ennemi. Il me pria de votre part de marcher sur ce
point avec mon infanterie. J'eus l'honneur de faire dire
à Votre Altesse par le même adjudant-commandant que,
quoique arrivé à sept heures du soir et venant d'Orianenbourg sans m'y arrêter, je partirais à dix heures et
que je serais le 28 à deux heures avant le jour à Boitzensbourg. J'arrivai effectivement à quatre heures du
matin au quartier général de Votre Altesse, et j'eus
l'honneur de lui dire que mes troupes étaient devant

Boitzensbourg et que les avant-postes ennemis, qui n'étaient qu'à deux cents pas de nous, avaient tiré quelques coups de fusil.

« Votre Altesse se rappellera aussi que je lui dis de ne pas croire que l'ennemi tînt à Boitzensbourg. Votre Altesse me répondit qu'elle pensait, d'après ce qu'elle avait vu la veille, que l'ennemi voudrait se battre là. J'eus l'honneur de lui observer que je ne le croyais pas, et que j'étais sûr qu'il n'y aurait pas un seul homme au point du jour; que nous n'avions pas un seul instant à perdre pour nous porter sur Prestzlaw. J'en sentis si bien la nécessité que j'ordonnai aux divisions Suchet et Gazan de se rendre sur ce point par le chemin le plus court.

« Votre Altesse me répondit qu'elle croyait prudent d'attendre le jour pour opérer ce mouvement. Elle envoya son chef d'état-major pour sommer l'ennemi, mais il ne trouva personne, tout ayant défilé pendant la nuit sur Pretzlaw.

« Que Votre Altesse impériale ne pense pas qu'en mon particulier je sois fâché de ce qu'on n'ait rien dit du 5ᵉ corps d'armée; je me serais tu, si je n'eusse reçu l'ordre du jour qui fait mention de toutes les troupes sans parler des miennes. Je ne puis bonnement communiquer cet ordre au 5ᵉ corps d'armée, les régiments qui le composent en ressentiraient trop de chagrin.

« Mais je veux cependant que Sa Majesté impériale connaisse la conduite de mes troupes dans cette circonstance, et sache que je serai heureux quand elle sera convaincue que je ne me bats que pour sa gloire, et qu'il n'y a pas de sacrifice que je ne fasse pour la vôtre... »

L'empereur répara cette injustice par la lettre suivante :

« Mon cousin,

« Croyez-vous donc que je ne voie pas que votre corps d'armée a fait des marches forcées, et que vous l'avez dirigé avec toute l'intelligence possible? Vous êtes de grands enfants. En temps et lieu, je vous donnerai des preuves à vous et à votre corps d'armée de toute la satisfaction que j'ai de votre conduite. J'attends avec impatience que vous preniez ce duc de Weimar. Le grand-duc de Berg m'a sans doute envoyé beaucoup de renseignements, mais je n'ai reçu qu'une page de sa lettre, l'autre page est restée sur son bureau. J'ai envoyé à Stettin le général Bertrand, pour voir la situation de la place; le général Chasseloup, un général d'artillerie et un commissaire des guerres.

« Sur ce, je prie Dieu qu'il vous ait en sa sainte et digne garde.

« Berlin, le 1er novembre 1806, à huit heures du matin.

« NAPOLÉON. »

Le veille, le maréchal Berthier, comme major général de l'armée, lui avait envoyé la lettre suivante :

« Berlin, le 31 octobre 1806.

« Vous avez fait merveille, mon cher maréchal, en

5

ce mouvement combiné où tout Hohenlohe a capitulé.

« L'empereur vous rend justice; ce qu'il ne dit pas, il le pense, et il le dira dans un autre moment. Nous sommes de vieux vétérans de la gloire, et il va sans dire que nous méritons des éloges.

« Je vous embrasse et je vous aime de tout mon cœur, mon cher maréchal.

« M^{al} BERTHIER .»

Lannes, qui avait le rare talent d'entraîner les troupes par son exemple, savait aussi se les attacher par son empressement à signaler leurs belles actions. Il savait par des encouragements exalter leur ardeur.

Satisfait de la lettre de l'empereur, il lui répondit :

« Stettin, 2 novembre 1806.

A l'empereur.

« J'ai reçu la lettre que Votre Majesté m'a fait l'honneur de m'écrire; il m'est impossible de rendre le plaisir qu'elle m'a fait éprouver, je ne désire rien tant au monde que de convaincre Votre Majesté que je fais tout ce qui est en mon pouvoir pour sa gloire.

« J'ai fait part au 5e corps d'armée de ce que Votre Majesté a bien voulu me dire pour lui; il serait impossible de rendre à Votre Majesté le contentement de ces braves. Une seule parole d'elle suffit pour rendre les soldats heureux.

« Trois hussards égarés du côté de Gartz se sont trouvés hier au milieu d'un escadron ennemi; ils ont couru à lui en le couchant en joue, et leur disant qu'ils étaient cernés par un régiment, qu'il fallait qu'ils missent pied à terre.

« Le commandant de cet escadron a obéi, et il est arrivé ici prisonnier de guerre conduit par ces trois hussards... »

De cent cinquante mille hommes, l'armée prussienne était tombée à trente mille.

Elle était détruite.

Mais l'armée russe se présentait imposante sur la Vistule.

CHAPITRE XIII

1806-1807

L'armée française se dirigeant sur la Vistule, Lannes s'empara de Stettin. Il y fit prendre à ses troupes exténuées de fatigue quelques jours de repos, pendant lesquels il les visita sans cesse, veillant au bien-être du soldat, relevant son moral, cherchant même à l'égayer malgré la rigueur de la saison, malgré la tristesse du pays et quoique personnellement il envisageât les choses sous un aspect peu encourageant :

« Le pays de Stettin, écrivait-il à l'empereur le 11 novembre, ressemble à celui que nous avons traversé pour aller d'Égypte en Syrie... Il est impossible de trouver du pain pour un jour pour mon corps d'armée, même en le prenant dans un rayon de dix lieues... J'ai laissé à Stettin le 28ᵉ d'infanterie légère ;

je n'ai jamais vu un régiment plus mal équipé... beaucoup de soldats sont chaussés avec des souliers de femme et, les carabiniers exceptés, pas un de ces hommes n'a de capote ! »

Marbot, dans ses *Mémoires,* résume ainsi les impressions du soldat à ce moment :

« Temps affreux, vivres rares, plus de vin, bière détestable et eau bourbeuse, pas de pain, logements partagés avec les vaches et les cochons... Et ils appellent cela une patrie !... Le village polonais est un amas confus d'ignobles baraques habitées par de sales juifs... »

Napoléon songeait alors au soulèvement des Polonais pour la restauration d'une Pologne indépendante, hostile à la Russie; mais Lannes, avec sa sûreté de jugement, le détournait de ce projet:

« Il est impossible, lui disait-il, de rétablir cette nation qui est dans une anarchie révoltante; si on arme les Polonais, il n'y aura pas de province qui ne se batte contre l'autre. » En même temps il écrivait à Berthier pour lui faire aussi part de ses craintes[1].

Cependant l'empereur ne changeait pas d'idée, et le 14 novembre il écrivait de Berlin au maréchal :

« Vous ne me parlez point dans vos lettres de l'espoir qui anime les habitants du pays où vous êtes; tâchez de m'en dire un mot par le premier officier que vous m'expédierez. Toutes les nouvelles sont que les Russes sont loin et peu nombreux; cependant j'aurais plus de confiance dans les renseignements que vous me donneriez. »

[1] Voir Annexe n° 17, page 218.

Lannes quitta Stettin et s'empara de Bromberg et de Thorn (18 novembre 1806), forçant l'ennemi à passer sur la rive droite de la Vistule, et, pour se procurer les renseignements demandés par l'empereur, il eut l'idée, fort originale, d'inviter le général ennemi Lestocq, qu'il venait de battre, à venir causer avec lui, pendant une heure, dans une petite île au milieu de la rivière qui séparait les deux armées.

« C'est un brave homme et qui a beaucoup de bon sens, écrit-il à Napoléon. Il m'a dit en dernière analyse qu'il n'avait d'autre espoir, pour faire la paix, que la Vistule ; que si nous la forcions, il ne leur resterait plus rien.

« Nous sommes ici horriblement mal pour les subsistances. Les bords de la Vistule, qu'on avait dit si beaux, ne sont autre chose que des sables, et il faut faire au moins quatre lieues avant de trouver un pouce de terrain cultivé. Il est impossible de passer la Vistule sans moyens. Je n'ai même pas pu me procurer une seule barque pour parlementer. La route de Bromberg ici est presque impraticable, on marche dans des terrains où il y a de la boue jusqu'au ventre des chevaux. La Pologne est composée de deux classes d'habitants : la première est très riche et par intérêt ne peut se séparer du roi de Prusse ; la seconde, la plus nombreuse, tient le milieu entre l'homme et la brute ; ce sont des êtres sans aucune espèce d'énergie. Je prie Votre Majesté de croire aux renseignements que je lui donne sur cette nation. Je suis bien convaincu que, si l'on veut chercher à la soulever, au bout de quinze jours elle sera plutôt contre nous que pour nous. Je suis fâché, sire, qu'on juge l'esprit polonais dans les grandes villes; il faut considérer plutôt la misère et l'avilissement des campagnes... »

C'était la vérité; les Polonais ne nous aidèrent en rien et, pour constituer le grand-duché de Varsovie, Napoléon ne devait compter que sur ses propres forces.

Nous occupâmes Varsovie le 28, et avec de grandes difficultés nous nous mîmes aussitôt à traverser le large fleuve au courant rapide, manœuvrant de manière à prendre les Russes dans le coupe-gorge où ils se concentraient. Dans ce mouvement, Lannes appuya à droite vers Pultusk, où se dirigeait le gros de l'armée ennemie.

Par un temps épouvantable, au milieu de la boue qui gênait ses mouvements et paralysait son artillerie, le maréchal se trouva dans la situation la plus pénible et la plus critique qu'on puisse imaginer; cinquante pièces de gros calibre couvraient le front des Russes, fort de quarante-deux mille hommes, tandis que nous n'étions que vingt mille et qu'il nous était impossible de faire avancer un seul canon, tout étant embourbé. Cependant rien ne l'arrête : blessé par une balle et souffrant cruellement de maux d'estomac accompagnés de fièvre, il n'en déploie pas moins une intelligence et une activité incomparables. Aidé de ses admirables généraux, Reille, Suchet, Victor, Gazan, Claparède, Treilhard, Beker, et de la division de renfort de Gudin, il met les Russes en pleine déroute et entre victorieux dans Pultusk, l'ennemi ayant perdu trois mille tués ou blessés et toute son artillerie, tandis que nos pertes ne dépassaient pas quinze cents hommes.

Lannes annonça ainsi cette victoire à sa femme :

« ... Mon corps d'armée s'est battu hier contre cinquante mille Russes, nous en avons fait une boucherie. Depuis que je fais la guerre, je n'ai pas eu d'affaire aussi chaude.

« Je suis bien fatigué, ma chère amie, j'ai bien besoin de repos[1]. »

C'est à l'opiniâtreté et aux savants mouvements du maréchal Lannes, qui commandait en chef à Pultusk, qu'appartient l'honneur de cette victoire qui, avec celle de Friedland, où il déploya de grands talents, comme on va le voir, lui valut la concession et l'investiture de la principauté souveraine de Siévers (en Pologne) dont le titre est resté, comme souvenir de gloire, à sa famille.

Le manque de vivres, le mauvais temps, la boue, dans laquelle des hommes et des chevaux se noyaient, décidèrent l'empereur à faire cantonner toute l'armée, pendant quelque temps, en avant de la Vistule, entre Dantzig et Varsovie.

Lannes fut transporté, gravement malade, au quartier impérial à Varsovie, et la maréchale vint l'y soigner avec un touchant dévouement.

Il avait reçu de Napoléon la lettre suivante :

« 28 décembre 1806.

« J'ai appris avec plaisir la brillante conduite de votre corps d'armée, mais j'apprends avec peine que votre santé est faible. Je vous sais gré de tout le cou-

____

[1] Voir Annexe n° 18. Son rapport à l'empereur, page 218.

Prise de Stettin.

rage que vous montrez, et je l'attribue à l'amitié que vous me portez. »

Le 8 mars suivant, l'empereur lui écrivait de nouveau :

« Mon cousin, j'ai reçu votre lettre du 5 mars. Lorsque votre santé sera parfaitement rétablie, vous vous rendrez près de moi. Vous ne doutez pas du plaisir que j'aurais à vous avoir toujours, mais surtout un jour de bataille. Mais rétablissez vous avant tout. Sur ce, je prie Dieu qu'il vous ait en sa sainte et digne garde.

« NAPOLÉON. »

Ajouté de la main de l'empereur :
« Ne doutez pas de mon amitié. »

Bientôt les hostilités recommencèrent ; la maréchale dut retourner en France, et après la bataille d'Eylau, à laquelle il ne put, par raison de santé, assister, Lannes reçut le commandement de la réserve de la grande armée (3 mai 1807).

Mais sa santé n'était pas remise et son moral souffrait. Le mauvais temps, le vent surtout, agissaient plus que jamais sur ses nerfs ; sa maladie d'estomac contribuait à sa tristesse ; il souffrait aussi de son excessive affection pour Napoléon, chez lequel il croyait toujours, malgré ses protestations d'amitié, remarquer de la froideur, et ses lettres sont à ce moment empreintes de mélancolie et de dégoût.

« Que ce grand monde est loin de nos sentiments, écrivait-il à sa femme. Que nous serons heureux, quand nous serons tous réunis ! Dieu veuille que cela soit bientôt ! Je me retirerai près de toi, ma chère amie, près de nos enfants. C'est là où je trouverai la vraie amitié ; il n'y a que le courage qui me soutient, j'aurai bien de la peine à me remettre. Mon cœur n'est pas content. Tu sais mieux que personne que je ne suis pas heureux quand je ne fais pas les choses avec plaisir. On n'aime ici les gens que quand on a besoin d'eux. *Je suis dégoûté !* Ce qui me console, c'est d'avoir toujours fait mon devoir avec honneur et de pouvoir marcher la tête haute. »

D'où venait ce dégoût ? A quoi faisait-il allusion ? Sa maladie d'estomac, en lui donnant des idées noires, le rendait-elle aveugle ? Non. Son mécontentement avait une excuse : l'empereur lui avait fait adresser par le maréchal Berthier une observation injuste, et le chef d'état-major général l'avait traduite avec trop peu de ménagement, étant donné le caractère de celui auquel elle était destinée. Voici les faits :

Il s'agissait d'une somme de six cent mille francs prise sur l'ennemi à Stettin et dont Lannes devait faire le meilleur emploi possible. Celui-ci avait donc décidé de l'employer à payer aux troupes l'arriéré de leur solde, et son chef d'état-major, le général Victor[1], lui ayant proposé d'en affecter une partie aux besoins de l'état-major, il s'y était formellement refusé. Tout était donc pour le mieux ; cependant, trompé par des courtisans jaloux de son amitié pour le maréchal[2], l'empereur s'était imaginé que l'état-major avait disposé

[1] Depuis, maréchal duc de Bellune.
[2] Bessières était du nombre, dit-on.

de la somme, et il en avait conçu peu de satisfaction [1].

Certes, le reproche impérial n'avait rien de déshonorant ni même rien de blessant ; la probité, la délicatesse si reconnues du maréchal, n'étaient pas soupçonnées, elles ne pouvaient l'être. Mais, dans les questions d'argent, Lannes était d'un scrupule excessif ; en maintes circonstances, il s'était dépouillé pour que l'on sût bien combien il lui répugnait de profiter, surtout au préjudice de ses troupes, de la part du lion que ses collègues considéraient comme très légitime. Aussi, quand il s'agissait de comptes, sa susceptibilité devenait insensée devant un reproche même amical. Il ne le permettait même pas de la part de l'empereur, comme on le voit par la correspondance qui suit :

Le 23 novembre 1806, il avait écrit au maréchal Berthier :

« Je suis très fâché que Sa Majesté impériale et royale ait eu de l'inquiétude au sujet des sommes trouvées à Stettin. La connaissance qu'elle doit avoir de mon caractère devrait la tranquilliser. Elle sait que je me suis toujours intéressé et que je m'intéresserai toujours vivement à son service, et que mes sentiments pour elle sont inaltérables. Je relis ces mots du premier ordre de Votre Altesse :

« L'empereur désire qu'un mois de solde soit payé
« sur les six cent mille francs trouvés à Stettin ; si vous
« ne l'avez déjà fait, il vous l'ordonne sur-le-champ. »

« J'avoue franchement à Votre Altesse que ces mots

---

[1] Voir Annexe n° 19, page 220. Lettre de Lannes à Berthier.

ont révolté mon âme et qu'on n'eût pas dû les écrire même à un sous-lieutenant. J'envoie avec regret à Votre Altesse des pièces qui constatent l'emploi de ces sommes. Je n'eusse jamais dû entrer dans de pareils détails. C'était une affaire à démêler entre l'administrateur du 5e corps et l'intendant général de la grande armée.

« C'est à ce premier que mon chef d'état-major a fait connaître l'emploi de ces sommes, en l'engageant à en prévenir l'intendant général. »

Berthier répondit le 25 novembre :

« Il me semble, mon cher maréchal, que la phrase qui paraît vous choquer est toute naturelle de la part de celui qui commande à celui qui obéit, et que le mot « Sa Majesté ordonne » est depuis le connétable jusqu'au sous-lieutenant. Mille amitiés. »

Lannes répliqua le 29 :

« Je ne me choque pas de ce que Sa Majesté m'ordonne. Je sais qu'elle a le droit de m'ordonner de me faire tuer et que je dois obéir plus encore par attachement que par devoir, mais je répéterai mille fois à Votre Altesse que cette phrase : « Sa Majesté désire « qu'un mois de solde soit payé sur les six cent mille « francs trouvés à Stettin et, si vous ne l'avez déjà « fait, elle vous ordonne de le faire sur-le-champ » ; cette phrase, dis-je, est une attaque à l'honneur, et j'espère que l'empereur ne trouvera pas mauvais que je cherche à me disculper d'une chose qui révolte mon âme. J'étais loin de m'attendre à un pareil traitement. L'empereur connaît ma délicatesse depuis longtemps, et c'est ce qui me tourmente encore davantage. Toutes sortes de soupçons me portent à croire que tout ceci tient de la politique. »

Réponse de Berthier :

« Je suis fâché que vous soyez affecté d'une chose qui n'a d'autre politique qu'un ordre de l'empereur relatif à la comptabilité de l'armée. Vous connaissez au surplus son ancien attachement dont il vous a donné tant de preuves. Quant à moi, vous connaissez mon amitié. »

Malgré ces bonnes paroles, Lannes restait indigné, et le 11 mai il écrivait encore à sa femme :

« ... Je t'avoue que je suis toujours tenté de m'en aller. Je ne trouve pas grand honneur à servir de cette manière. »

Le siège de Dantzig lui fournit heureusement une diversion salutaire. Ce siège, dont était chargé le maréchal Lefebvre, traînait en longueur; l'empereur y envoya Lannes avec des renforts. Sitôt que parut ce héros, cet habile entraîneur, les assiégeants reprirent de la confiance, de la hardiesse.

« Je suis venu à Dantzig, écrivait-il le 17 mars à sa femme, avec une division de mon corps d'armée pour empêcher que les Russes, qui avaient débarqué au nombre de quinze mille, ne forcent à lever le siège.

« Nous avons été attaqués le lendemain de notre arrivée, nous avons culbuté l'ennemi dans la mer; sans un de leurs forts, il n'en eût pas échappé un seul : il a laissé trois mille hommes sur le champ de bataille, nous n'avons perdu presque personne. »

Grâce à ses rapides et sages dispositions, Dantzig capitula le 26 mai, après un brillant combat où Lannes fut légèrement blessé par un boulet qui effleura sa poitrine.

Lefebvre proposa à Lannes (le vrai vainqueur) d'entrer en même temps que lui en triomphateur dans la place; mais Lannes, toujours digne, refusa ce partage, ne voulant, avec raison, triompher que pour son propre compte. Lefebvre triompha seul et fut créé duc de Dantzig.

Le maréchal Lannes, encore mécontent, écrivait le 27 mai à la maréchale :

« Depuis qu'il fait chaud, je me porte beaucoup mieux. Il ne me manque que la tranquillité de l'âme... J'ai été trop maltraité pour que cela vienne de long-temps [1]. »

Mais cet état moral cessa subitement ; un geste de l'empereur lui fit tout oublier et, le soleil aidant, la bataille de Friedland va lui rendre la santé avec sa bonne humeur habituelle.

[1] Voir Annexe n° 20, page 221. Lettre à Berthier.

CHAPITRE XIV

1807-1808

Batailles d'Heilsberg et de Friedland. — Traité de paix de Tilsitt. — Principauté de Siévers. — Duché de Montebello. — Le maréchal Lannes nommé colonel général des Suisses. — Vie de famille. — Entrevue d'Erfurth. — Lannes grand cordon de Saint-André de Russie.

Le 11 juin, Lannes, secondé par Murat et Soult, battit à Heilsberg le général en chef de l'armée russe Benningsen, et ce succès nous ouvrit la route de Kœnigsberg. C'était de ce dernier rempart de la Prusse qu'il s'agissait sans tarder de se rendre maître par la destruction de l'armée russe qui, tout en opérant sa retraite, couvrait la ville.

Pour lui couper cette retraite, Lannes, le 13 juin, se dirigea sur Friedland, où grâce à ses talents militaires, sa présence d'esprit et sa ténacité, qui en faisaient à juste titre le premier lieutenant de Napoléon, il sut manœuvrer de manière à occuper l'ennemi, dont le nombre aurait pu l'écraser, et à l'empêcher de se déployer jusqu'à l'arrivée de l'empereur et des corps de Mortier, de Ney et de Victor, qui ainsi purent achever la victoire.

L'armée russe, battue, essaya de se frayer un passage; mais Lannes l'arrêta, et la victoire de Friedland fut la plus complète, la plus décisive des victoires de l'Empire. Les Russes perdirent vingt-cinq mille hommes et la paix fut aussitôt conclue. Sans Lannes, l'armée ennemie eût encore pu échapper à Napoléon [1].

Le lendemain de Friedland, le maréchal mandait à sa femme :

« Nous avons eu une bataille comme il n'y en a jamais eu. Il est incroyable le peu de monde que nous avons perdu et incroyable ce que les Russes ont laissé sur le champ de bataille. Je me suis battu, avec mon corps d'armée, depuis une heure du matin jusqu'à huit heures du soir, sans perdre un pouce de terrain. Mes troupes se sont couvertes de gloire ; l'empereur a fait la plus belle manœuvre qu'il soit possible. Tout annonce que nous aurons la paix dans huit jours, et j'espère t'embrasser dans deux mois. J'ai vu l'empereur aujourd'hui qui m'a dit :

« — Lannes, je vous donnerai bientôt une preuve de mon amitié. »

« Tu vois combien je l'aime. Je suis heureux quand il me dit qu'il a de l'amitié pour moi. »

Effectivement, avant même la signature du traité de Tilsitt, conclu les 7 et 9 juillet avec la Russie et la Prusse, Napoléon avait rendu en faveur de Lannes un décret ainsi conçu :

« Au palais de Tilsitt, le 30 juin 1807.

« Napoléon, empereur des Français, roi d'Italie, protecteur de la confédération du Rhin, médiateur de

[1] Voir Annexes n⁰ˢ 21 et 22, pages 221-223. Rapport à l'empereur et lettre de Lannes à son beau-père, M. de Guéhéneuc.

la confédération suisse, voulant reconnaître les services qui nous ont été rendus, dans la campagne de Pologne, par notre cousin le maréchal Lannes, commandant la réserve d'infanterie de notre grande armée, nous avons résolu de lui accorder et nous lui accordons par les présentes la *principauté* de Siévers, située dans le département de Kalisch, pour en jouir, lui, ses héritiers et ses successeurs, en toute propriété [1]; entendant que les biens composant ladite principauté ne puissent être vendus ni aliénés par lui ou ses héritiers et successeurs sans notre autorisation et autrement qu'à charge de remplacement en propriétés situées dans le

[1] Le territoire de cette principauté, situé au point de jonction des possessions prussiennes, russes et autrichiennes, en Pologne et en Silésie, non loin de Cracovie (route de Breslau), se trouve aujourd'hui partagé entre la Russie, la Prusse et l'Autriche. Cette principauté, à laquelle la famille de Montebello n'a jamais renoncé, comprenait, lorsque le maréchal Lannes en avait la souveraineté : quarante-sept domaines, sept villes, quatre-vingt-dix-huit bourgs et villages, trente-six avocaties et petits fiefs, cent cinq mille arpents de forêts, douze étangs, un grand lac, cinquante et un moulins, treize brasseries, vingt-sept brûleries, cent vingt-sept cabarets, deux mines de fer et six moulins à fer, deux mines de charbon, cinq fours à chaux et briqueteries, vingt-sept églises, trente mille habitants...; sans compter les biens particuliers du prince (biens nationaux), repris de vive force en 1815 et dont un décret impérial du 21 septembre 1812 fixait les revenus à la somme de cent soixante dix-sept mille huit cent vingt francs. Cette dotation en Pologne, jointe à celle du duché de Montebello, en Hanovre et en Westphalie, portait le majorat du maréchal à plus de trois cent vingt-cinq mille francs de rente.

La principauté ou plutôt le duché de Siévers (ou Sievres, Siewiez, Séveric) a existé dès la plus haute antiquité. Elle appartint d'abord à des princes laïques qui jouissaient de toutes les prérogatives de la souveraineté indépendante : droit de justice, droit de créer des nobles, droit de représentation actif et passif, droit de lever des troupes, de faire la guerre et de conclure des traités; droit d'établir et de percevoir des impôts, de battre monnaie, etc. Vers le XVe siècle, ce duché passa aux évêques de Cracovie, qui bénéficièrent des mêmes droits dont ils se transmirent l'exercice avec les mêmes titres de *dux et princeps Severiæ, Severiensis ou Sieverski,* jusqu'au partage de la Pologne (1764-1793). La principauté disparut alors, la Russie et la Prusse s'en partagèrent les dépouilles. Par le traité de Tilsitt, Napoléon le reconstitua en faveur du maréchal Lannes, l'enclavant dans le grand-duché de Varsovie.

territoire de notre Empire, pour ladite principauté faire partie du fief qu'il est dans notre intention de lui accorder aussitôt que nous aurons jugé à propos de statuer à cet égard.

« La commission du gouvernement et notre commissaire près d'elle sont chargés de faire mettre en possession de ladite principauté notre cousin, le maréchal Lannes, dans les huit jours qui suivront la notification des présentes. »

« NAPOLÉON [1]. »

Dès que ce décret fut officiellement connu de l'armée, le 5° corps que Lannes avait commandé en éprouva une vive satisfaction ; le général Beker, en son nom, s'en fit l'interprète auprès de lui [2].

Conformément à ce décret, la commission de gouvernement et le commissaire impérial près cette commission, ayant été chargés d'investir le maréchal en Pologne, procédèrent le 5 août 1807 à l'exécution de cette prescription par un procès-verbal de mise en possession ou protocole d'investiture portant, outre les signatures du commissaire du gouvernement polonais, celles de M. Vincent, chargé d'affaires de France à Varsovie, représentant de l'empereur, et de M. Garau, qui y était qualifié « représentant du maréchal Lannes, prince de Siewierz ».

Par cet acte, le maréchal fut investi de deux choses distinctes :

---

[1] Voir Annexe n° 23. Lettre du ministre d'État H. B. Maret, envoyant au maréchal Lannes ledit décret, page 224.

[2] Voir Annexe n° 24, page 224.

Bataille de Friedland (14 juin 1807). — D'après le tableau d'Horace Vernet.

1° D'abord de la souveraineté de la principauté ou duché avec tous les droits honorifiques et autres et les titres héréditaires[1], dont jouissaient les anciens ducs-princes de Siewierz, ses prédécesseurs ;

2° Ensuite, des biens nationaux qui étaient situés dans la principauté et qui devaient faire partie d'un fief de l'Empire que l'empereur avait eu l'intention de créer ; idée qu'il abandonna bientôt, pour joindre ces biens à la dotation (majorat) du duché de Montebello considéré comme fief.

L'investiture, en Pologne, de la principauté et des titres qui en découlent, fut complète et définitive.

Il n'y eut de difficultés et de discussion qu'au sujet des biens nationaux ou royaux qui devaient composer le domaine particulier du maréchal (dotation). La Prusse ayant mis obstacle à la possession de certains de ces biens que, par le traité de Tilsitt, elle s'était engagée à céder, le maréchal Davout, gouverneur du grand-duché de Varsovie, dut envoyer des troupes pour s'en emparer.

A ce sujet, Lannes, irrité contre les autorités prussiennes, écrivait à son représentant, gouverneur de la principauté :

« Il est bien étrange qu'on ne défère pas sur-le-champ aux ordres de Sa Majesté impériale et royale, et souverainement indécent qu'on soit obligé d'employer la force pour me mettre en possession de ce que l'empereur m'a donné. »

Ces contestations au sujet des biens ne cessèrent

---

[1] Altesse, monseigneur, duc et prince.

qu'après la mort du maréchal, et le décret du 21 septembre 1812 délimita définitivement ces biens, qui devaient produire un revenu d'environ cent soixante-dix-sept mille francs.

« La concession au maréchal Lannes de la principauté de Siévers est un fait historique qui révèle l'étendue des desseins chimériques de l'empereur. Ce n'était pas là une dotation ordinaire, ne valant que par l'opulence des revenus qui y étaient attachés. C'était une principauté souveraine, qu'il se proposait d'ériger en grand fief de l'Empire, que Napoléon avait conférée au maréchal Lannes. Et le territoire qu'il plaçait sous sa suzeraineté et qu'il confiait à sa garde n'était pas situé, comme les principautés italiennes, en royaume annexé ou étroitement allié ; il était situé presque aux confins de l'Europe, séparé de la France par des États avec lesquels l'empereur n'a jamais conclu une paix sûre et durable, dans un pays sur lequel Napoléon avait des desseins que l'histoire n'a pas pénétrés ! En conférant au maréchal Lannes la principauté de Siévers, l'empereur donnait à son fidèle serviteur une marque de sa confiance plus encore que de sa faveur.

« Lallier[1]. »

[1] Le maréchal ne porta officiellement ce titre qu'en Pologne ou à propos des affaires de sa principauté. Plus tard, son fils, en mission à Varsovie, s'y présenta sous le nom de prince de Sévéric, que les Polonais se plaisaient à lui donner ; on comprend que le duc de Montebello, auteur de ce livre, tienne, en portant secondairement le titre de prince de Siévers ou Sévéric auquel il a droit, à perpétuer un honorable souvenir, conforme en cela au désir de feu son père, qui lui-même fut souverain de cette principauté. Cependant ce titre, quoique *accordé* par l'*empereur,* est resté titre *étranger,* Napoléon ayant renoncé à instituer le fief qui devait en faire un titre français.

D'après M. Lallier (docteur en droit, auteur d'un mémoire sur la propriété

Bientôt après, le maréchal reçut, en outre, le titre français plus brillant que le premier de duc de Montebello, destiné à perpétuer le souvenir de la belle victoire qu'il remporta en 1800.

Les lettres patentes du 15 juin 1808, qui lui confèrent ce titre, portent : « Napoléon, par la grâce de Dieu, empereur des Français, roi d'Italie, protecteur de la confédération du Rhin... Les services signalés rendus à l'État et à nous par notre cher et bien-aimé cousin... ayant fixé sur lui notre estime et notre bienveillance particulière, nous avons résolu de récompenser le zèle et la fidélité dont il nous a donné des preuves constantes dans toutes les guerres que nous avons eu à soutenir. Dans cette vue, nous l'avons, par notre décret du 19 mars 1808, nommé l'un des ducs de notre Empire, sous le titre de duc de Montebello[1]. »

Le maréchal, après Tilsitt, goûta enfin cette paix tant désirée par lui et jouit pendant quinze mois d'un repos relatif.

Appelé à la situation honorifique de « colonel général des Suisses », il put pendant les huit premiers mois

---

des noms et des titres, ouvrage couronné par la Faculté de droit de Paris), qui a examiné tous les documents relatifs à cette principauté, notamment l'original de l'acte d'investiture, « le titre de duc et prince de Siévers peut légitimement valoir au profit de la descendance du maréchal, vu l'investiture qui lui a été donnée en Pologne, par ordre de l'empereur, le 5 août 1807, de la principauté et des prérogatives souveraines y attachées; les décrets du 30 juin 1807 et du 21 septembre 1812 devant d'ailleurs être considérés comme contenant autorisation virtuelle pour le maréchal et sa descendance de porter en France ce titre polonais. » C'est un titre étranger accordé par l'empereur.

[1] A ce titre héréditaire était attachée une dotation (*majorat proprio motu*) de cent cinquante mille francs de revenu annuel, sur des domaines en Westphalie et en Hanovre.

Voir Annexe nº 25. Lettre de l'archichancelier de l'Empire page 225.

de 1808 vivre avec sa famille, tantôt à Paris dans son bel hôtel de la rue de Varenne (ancien hôtel de Rohan), tantôt dans son château de Maison dont il faisait exploiter le vaste domaine, tantôt au château d'Étoges (propriété de son beau-père dans la Marne) et aussi à Lectoure, où il aimait à revoir son vieux père et à retrouver ses souvenirs d'enfance.

Mais dès octobre 1808 il fallut accompagner l'empereur à Erfurt.

Napoléon avait donné au maréchal duc de Montebello la mission d'aller recevoir l'empereur de Russie à Bromberg, et Alexandre fit au héros de la grande armée un accueil tout exceptionnel :

« Nos deux empereurs sont les meilleurs amis du monde, écrivait Lannes à la duchesse, je ne puis te dire combien l'empereur Alexandre est bon pour moi. Il me fait des reproches quand je ne vais pas passer une heure tous les jours avec lui. Enfin, il n'y a pas de caresses qu'il ne me fasse. Il m'a fait promettre d'aller le voir l'an prochain. »

Alexandre ayant donné au maréchal (à lui seul) le grand cordon de Saint-André, qui alors n'était conféré qu'aux souverains, Napoléon écrivit de sa main sur le permis de porter :

« Vous l'avez mérité au champ de Friedland comme à celui de Pultusk ; l'estime (mots illisibles)... ennemis aujourd'hui notre intime allié vous honore et me plaît.

« Tout à vous, mon cher Lannes[1]. »

---

[1] Voir autographe p. 199.

CHAPITRE XV

1808-1809

Les choses allaient mal en Espagne, et Napoléon, au lieu de transiger, s'apprêtait à y conduire sa grande armée. En donnant au prince des Asturies (Ferdinand VII) la fille de son frère Lucien, il se serait attaché sans doute la nation espagnole, mais il destinait le trône d'Espagne à son frère Joseph.

Lannes, qui avec raison était partisan de la paix, eut à ce sujet, en tête-à-tête, une violente discussion avec l'empereur; osant lui reprocher son ambition démesurée, il lui exposait avec humeur toute la folie de cette aventure espagnole. Napoléon, impatienté, fit un geste du bras :

« Crebleu! si tu m'avais touché! » lui cria le maréchal, blême de colère, le regardant dans le blanc des yeux et portant la main à la garde de son épée.

L'empereur, si jaloux de son autorité et de son prestige, aurait fait payer cher à tout autre un tel oubli; mais, à cette brusquerie même, il reconnut le vieil ami d'Arcole et d'Ulm, et le sourire lui venant aux lèvres, le grand homme ouvrit les bras à son lieutenant qui s'y précipita[1].

L'empereur daigna alors lui expliquer ses grands projets; il lui démontra qu'il n'était ambitieux que pour la France qu'il voulait, en vue d'une paix durable, rendre inattaquable après lui. Lannes, malgré tout, insistait pour se retirer du service; mais, lui montrant sa tendresse, Napoléon l'attacha, au contraire, plus près de sa personne, et c'est ensemble que les deux héros, plus intimement liés que jamais, traversèrent les Pyrénées.

Cependant que de malheurs auraient pu être épargnés à la France, si l'empereur avait écouté les pressentiments de Lannes!

Le 4 octobre, la duchesse de Montebello avait reçu de son mari ces quelques lignes :

« Il me tarde bien d'être près de toi, j'aurai huit jours à y rester avant mon départ pour l'Espagne. Tu sais toute la répugnance que j'ai à aller dans ce pays-là. Je crois que c'est la plus grande preuve de dévouement que j'aie donné à Sa Majesté, mais que faire?... J'espère que ce ne sera pas long, et que nous serons de retour au printemps. »

Napoléon et Lannes voyagèrent ensemble tellement vite, que leurs équipages ne purent les suivre. Le

---

[1] Récit fait à l'auteur par son père et ses oncles, qui le tenaient du maréchal.

maréchal avait dû emprunter un cheval à l'un de ses aides de camp, Marbot. En passant le mont Dragon, qui était couvert de neige gelée, ce cheval glissa et, tombant sur son cavalier, faillit lui écraser le ventre. On releva le maréchal à demi mourant; il souffrait horriblement. On le croyait perdu, mais le docteur Larrey trouva le moyen de sauver ses jours : il fit écorcher tout vif un gros mouton, entoura de sa peau saignante le corps tout meurtri du blessé, qui, cinq jours après, put continuer sa route, quoique en bien mauvaise condition. Il fallait, en vérité, avoir la vie dure et posséder une rare dose d'énergie pour supporter dans un tel état un pareil voyage à travers des montagnes d'un accès difficile et couvertes de glace.

C'est à peine s'il pouvait se tenir debout quand il rejoignit l'empereur à Burgos, où il contribua malgré tout à tailler en pièces l'armée espagnole commandée par Black.

Éprouvant des douleurs par tout le corps, il n'était pas de bonne humeur; généralement gai, calme et doux dans les relations ordinaires, il s'emportait dès que ses ordres étaient mal exécutés et proférait alors des jurons de grenadier.

Marbot[1], qui était alors son aide de camp, raconte dans ses mémoires une scène dont il fut témoin pendant la bataille de Burgos :

« Il arriva qu'au moment décisif, un capitaine d'artillerie, ayant mal compris la manœuvre indiquée, conduisit sa batterie dans une direction opposée à celle

---

[1] Marbot était le fils du général, qui fut le premier instructeur de Lannes, au camp du Miral, en 1795.

prescrite; lorsque le maréchal, s'en étant aperçu, s'élance au galop et, poussé par la colère, va lui-même réprimander cet officier en présence de l'empereur.

« Mais, comme en s'éloignant rapidement il avait entendu Napoléon commencer une phrase dont il n'avait pu saisir que ces mots : « Ce diable de Lannes..., » il revint tout pensif, et me tirant à part dès que ce fut possible, il exigea, au nom de la confiance qu'il avait en moi et du dévouement que je lui portais, de lui faire connaître entièrement l'observation de l'empereur. Je répondis avec franchise :

« — Sa Majesté a dit : « Ce diable de Lannes possède « toutes les qualités qui font les grands capitaines; « mais il ne le sera jamais, tant qu'il ne maîtrisera « pas sa colère. »

« Le maréchal avait tellement à cœur de devenir un grand capitaine qu'il résolut probablement d'acquérir la seule qualité qui lui manquât, au dire d'un aussi bon juge que l'empereur; car, dès ce moment, jamais je ne le vis plus en colère, bien que souvent ses ordres fussent mal exécutés, surtout au siège de Saragosse. Lorsqu'il s'apercevait d'une faute essentielle, son naturel bouillant le poussait d'abord vers l'emporte-ment, mais à l'instant sa ferme volonté prenait le dessus; il devenait très pâle, ses mains se crispaient, mais il faisait ses observations avec tout le calme d'un homme flegmatique. »

Lannes avait donc acquis sur lui-même un empire extraordinaire.

« Ses talents militaires grandissant chaque jour, l'em-pereur ne lui donnait plus de commandement fixe, voulant le réserver auprès de sa personne pour l'envoyer partout où les affaires se trouveraient compromises, certain qu'il les rétablirait promptement[1]. »

Aussi le 19 novembre reçut-il l'ordre de prendre le commandement en chef du 3° corps d'armée, renforcé de l'infanterie du général Lagrange et de la cavalerie des généraux de Colbert, Digeon et Lefebvre-Desnoëttes, ce qui faisait en tout un effectif de trente mille hommes, dont les trois quarts n'étaient que des conscrits.

Le vieux et brave maréchal Moncey (duc de Conegliano), qui commandait ce 3° corps et qui n'osait mener ces conscrits à l'ennemi, se trouva ainsi placé sous les ordres du jeune maréchal Lannes, duc de Montebello! (Premier exemple d'un maréchal d'Empire commandant son égal.)

Pourquoi Napoléon en avait-il ainsi décidé? C'est précisément parce que Moncey hésitait, et que toute hésitation, tout retard pouvait, à cette heure, compromettre irrémédiablement le succès de la guerre. Il fallait un homme qui sût oser, et nul mieux que le maréchal Lannes ne pouvait remplir une mission aussi difficile.

Le 3e corps se trouvait, en effet, dans les conditions les plus défavorables; tous les obstacles imaginables, artificiels et naturels, semblaient s'être réunis pour s'opposer à notre armée. Lannes eut à les surmonter tous par sa témérité, son coup d'œil et la sagesse de ses dispositions.

Il s'agissait d'attaquer, à découvert et de vive force, l'armée espagnole retranchée près de *Tudela* dans des

[1] Mémoires de Marbot.

positions inexpugnables. Cette armée, commandée par des chefs de grande valeur, par Castanos et Palafox, était double de la nôtre; avec trente mille hommes, presque tous des conscrits, il fallait déloger, repousser, tailler en pièces soixante mille Espagnols, soldats endurcis, aguerris, intrépides et fanatiques, qui défendaient leurs foyers, qui avaient l'avantage, combattant chez eux, d'être aidés par les habitants que la haine enflammait contre nous. Ces soldats montagnards, mieux que nos recrues de France, savaient marcher dans ces terrains difficiles, dans ces ravins, sur ces rochers dont ils connaissaient les sinuosités et les aspérités.

Attaquer dans de telles conditions, n'était-ce pas tenter l'impossible et courir à un désastre irréparable? Ne serait-il pas plus sage de refuser le combat, de céder pied sans se battre? C'est ce que se demandait Moncey, dont l'hésitation contagieuse paralysait les troupes. Celles-ci, mal enflammées, se trouvaient déjà alourdies et sans entrain, malgré *le sentiment du devoir* dont chacun restait rempli; ce sentiment, à lui seul, sentiment sans feu, ne fait faire aucun prodige. A la guerre, il faut de l'ardeur, souvent même de la témérité jusqu'à l'aveuglement; sans cela, point d'entraînement possible, et « une troupe sans entrain en vaut une en déroute ». Une fois déchargée de son fluide moral[1], une armée ne présente plus qu'une lourde masse, difficile à pousser; pour la remuer, il

---

[1] A la guerre, le moral d'une armée est un facteur plus important que les gros effectifs, l'armement et l'instruction militaire; le physique, d'après Napoléon, est au moral ce que un est à trois.

Bataille de Tudela.

faut la soumettre à une *volonté* qui, chargée de feu sacré, soit assez puissante pour rallumer, par une formidable étincelle, la flamme étouffée, la confiance éteinte, l'âme endormie.

Exemple frappant de la puissance de cette volonté :

Dès que le maréchal Lannes arriva à Logrono (le 21 novembre), tout changea subitement d'aspect : « On vit alors, dit Marbot, ce que peut la présence d'un seul homme quand il est capable et énergique... Tout le monde brûla du désir de se porter en avant... » Et Lannes le jour même donna le signal de l'action !

Ce grand conducteur d'hommes, ce fameux entraîneur, savait vouloir ; il inspirait cette confiance qui est la meilleure garantie des victoires ; ayant l'art d'infuser dans les veines de ses guerriers le fluide qui débordait en lui, son influence sur l'esprit des troupes était toujours décisive ; son ascendant, décuplé de son prestige, entraînait irrésistiblement ; sous ses ordres, plus de défaillances, on se sentait sûr de triompher.

Pour « emballer » une troupe sous le feu de l'ennemi, un chef doit savoir lui imposer instantanément sa volonté et lui faire sentir qu'il sait bien ce qu'il veut ; rien n'est plus décourageant que les tâtonnements, rien n'est plus énervant qu'un contre-ordre, qu'une contre-marche ; la décision du chef doit être immédiate, et autant que possible invariable. Toute hésitation équivaut à un recul dangereux. Lannes, quoique fort souffrant encore de son accident de cheval, n'hésita pas un instant, l'empereur lui ayant démontré qu'il fallait vaincre à Tudela, à tout prix et sans aucun retard.

Son premier soin, en arrivant au camp, fut d'exalter

par son attitude la jeune armée du vieux maréchal
Moncey. Le moral des officiers se releva aussitôt; les
cadres inférieurs et les vieux soldats s'animèrent à leur
tour, et comme ce sont les cadres qui font l'armée, le
fluide guerrier, fluide d'honneur et de gloire, se répan-
dant de proche en proche, presque instantanément,
dans le cœur des troupiers, porta l'armée entière au
paroxysme de l'entrain, et l'enthousiasme tint lieu
d'expérience aux conscrits.

Comme on le voit ici, tant vaut le chef tant valent
les cadres, tant vaut l'âme de l'armée et tant vaut
l'armée. Nous pourrions ajouter : tant vaut le gouvernement d'un pays, tant valent les chefs de ses armées.
Et le gouvernement, c'était l'empereur Napoléon lui-
même !

Lannes avait fait jaillir la formidable étincelle qu'il
tenait de Napoléon, et dès lors il pouvait compter sur
son armée.

Son plan d'attaque fut bientôt combiné, son coup
d'œil étant toujours rapide et juste. Mais ici, avant
tout, il fallait oser; la victoire était à ce prix : « les
victoires ne sont-elles pas, plus ou moins, des prix de
hardiesse et d'audace? On est plus que grand, on est
immense quand on ose... Les témérités éblouissent et
sont une des grandes clartés de l'homme... Tenter,
braver, persister, persévérer, s'être fidèle à soi-même,
étonner la catastrophe par le peu de peur qu'elle vous
fait... tenir bon, tenir tête, voilà la lumière qui
électrise[1] !... »

Notre héros savait oser, et oser à propos.

[1] Victor Hugo.

Embrassant le terrain de son regard audacieux qui fixait la victoire à travers tous les obstacles, le maréchal enleva ses colonnes d'attaque qui percèrent comme la foudre le centre des ennemis; il fit sabrer en les contournant les derrières de l'aile droite, et en même temps, fondant sur la gauche, la refoula derrière un ravin où elle se retrancha; puis, tombant sur elle par échelons serrés, il l'écrasa, tuant ou noyant dans l'Èbre quatre mille Espagnols, faisant trois mille prisonniers, s'emparant de quarante canons et de sept drapeaux. Cette victoire de Tudela est un des plus beaux fleurons du duché de Montebello[1].

Plaçons ici un épisode qui fait ressortir le caractère du maréchal, et laissons à son aide de camp Marbot le soin de le raconter :

« De Labédoyère venait d'acheter un cheval peu dressé, qui, au premier bruit du canon, se cabra et refusa d'avancer. Furieux, Labédoyère s'élança à terre, tira son sabre et coupa les jarrets du malheureux cheval, qui tomba tout sanglant sur l'herbe, où il se traînait en rampant. Je ne pus retenir mon indignation et la lui exprimai vivement. Mais Labédoyère prit très mal la chose, et nous en serions venus aux mains si nous n'avions été en présence de l'ennemi. Le bruit de l'aventure s'étant répandu dans l'état-major, le maréchal Lannes, indigné, déclara que Labédoyère ne compterait plus au nombre de ses aides de camp. Désespéré, ce dernier saisissait ses pistolets pour se brûler la cervelle, quand de Viry lui fit comprendre

[1] Voir Annexes n⁰ˢ 26 et 27. Lettre à la maréchale et rapport à l'empereur, page 225.

qu'il serait plus honorable de se faire tuer à l'ennemi.

« Précisément, de Viry, qui s'était rapproché du maréchal, reçut l'ordre de conduire un régiment de cavalerie contre une batterie espagnole. Labédoyère rejoint le régiment qui allait à la charge et s'élance un des premiers sur la batterie, qui fut enlevée, et nous vîmes de Viry et Labédoyère ramener un canon qu'ils avaient pris ensemble!... Aucun d'eux n'était blessé, mais ce dernier avait reçu un biscaïen dans son colback, à deux doigts de la tête! Le maréchal fut d'autant plus touché du trait de courage que venait d'accomplir Labédoyère, que celui-ci, après lui avoir remis le canon, se préparait à se précipiter de nouveau sur les baïonnettes ennemies. Le maréchal le retint et, lui pardonnant sa faute, il lui rendit sa place dans son état-major. Le soir même, Labédoyère me serra la main. De Viry et lui furent cités dans le bulletin de bataille et nommés capitaines peu après. »

Voici quelle était alors la composition de l'état-major du maréchal : le colonel O'Meara; le colonel de Guéhéneuc, frère de la duchesse de Montebello, qui devint général de division; le commandant de Saint-Mars et le capitaine de Marbot (l'auteur des Mémoires), qui tous deux furent généraux; le marquis d'Albuquerque, grand seigneur espagnol, qu'un boulet tua à Essling; le capitaine Watteville, un Suisse, qui fut gelé à la Bérésina; de Labédoyère, qui, colonel en 1814, fut cruellement fusillé, avec Ney, sous la Restauration; de Viry, d'une famille alliée aux rois de Sardaigne, qui fut, comme le maréchal, frappé à mort à Essling; le capitaine Dagusan, qui, blessé, dut prendre sa retraite, et le lieutenant Lecouteulx de Canteleux, qui devint colonel aide de camp du Dauphin. Tous ces officiers étaient excessivement braves.

Après cette belle victoire, Lannes, rompu de souffrances et ne pouvant plus bouger, fut forcé malheureusement de rester à Tudela. Il avait donné l'ordre au maréchal Moncey de poursuivre à fond l'armée ennemie jusque sur Saragosse, et cette armée aurait capitulé tout entière en rase campagne, si le maréchal Ney, qui avait pour mission de lui couper la retraite sur cette ville, ne s'était retiré à la suite d'une erreur fatale : Ney, ajoutant foi aux fausses nouvelles propagées par les paysans qui tous nous étaient hostiles, avait cru que Lannes avait éprouvé un échec, et cette erreur nous obligea à faire le siège de Saragosse, un des plus meurtriers de l'histoire.

Encore, s'il avait été possible à Lannes, le 24 novembre, de monter à cheval ! Il aurait pu, lui, par son activité entraînante, et malgré l'erreur de Ney, pénétrer dans la capitale de l'Aragon à la suite des Espagnols en déroute.

« On serait entré dans Saragosse, écrivait-il à sa femme, si on avait exécuté mes ordres... Quelle bataille, ma chère amie ! Il fallait autant d'habitude que j'en ai pour oser, non seulement attaquer, mais encore regarder les positions et le nombre des ennemis. Aussi ai-je été le seul de l'avis de livrer bataille... Il n'y a pas de meilleur médecin, après Corvisart, que la victoire; elle a été complète. C'est vraiment une belle bataille, qui ne nous a rien coûté. Nous allons bientôt partir pour le Portugal... Me voilà encore une fois près de l'empereur ; il doit savoir que ses meilleurs amis sont ceux qui battent ses ennemis. »

Lannes n'exposait pas inutilement ses troupes :

« Une victoire qui coûte cher, disait-il, fait peu d'honneur à celui qui la remporte. »

Les soldats le savaient et leur confiance était illimitée.

Lannes, de plus en plus souffrant, avait été rappelé auprès de l'empereur. Il voyagea en voiture avec ses amis, les généraux Pouzet et Frère, et avec Marbot ; passa par Logroño, Miranda ; gravit à pied le défilé de Somo-Sierra, enlevé quelques jours avant par le général Montbrun, à la tête des lanciers polonais ; coucha à Buitrago et arriva à Madrid, où Napoléon venait d'établir le roi Joseph, son frère. Lannes y logea au palais qu'avait occupé Murat avant d'être placé sur le trône de Naples.

Il ne s'y reposa que huit jours ; le 21 novembre, à la nouvelle que l'armée anglo-portugaise, commandée par le général Moore, menaçait la capitale des Espagnes, Napoléon fit battre la générale et, montant à cheval avec le maréchal Lannes, se dirigea de nuit vers Valladolid, à la tête de plusieurs corps d'armée.

Le froid était intense ; les troupes, les chevaux surtout, glissaient sur le verglas ; mais le maréchal veillait à tout, et grâce à lui cette marche nocturne put se faire en bon ordre.

Un de ses officiers, pour se réchauffer, avait absorbé tout le contenu d'une bouteille de kirsch et était tombé de cheval comme une masse inerte. Le maréchal le réprimanda :

« Ce n'est pas ma faute, répondit l'officier, il y a
du verglas entre ma selle et mes cuisses. »

Cette réponse originale désarma la colère du duc,
qui, éclatant de rire, fit mettre l'officier dans son four-
gon, où il put tranquillement se dégriser [1].

On traversa les monts du Guadarrama par une tempête de neige tellement violente, que des hommes et
des chevaux roulèrent dans le précipice.

Lannes ordonna alors que tous les hommes d'un
même peloton se tiendraient par le bras pour résister
au vent. L'empereur lui donna le bras, ainsi qu'à
Duroc ; et, à son commandement, toute la colonne
gravit ainsi la montagne pendant plus de six heures.
La descente fut moins pénible, mais l'on n'arriva qu'à
la nuit dans la plaine, où l'on s'arrêta tout couverts de
neige, en grelottant. Cette pénible marche continua les
jours suivants, avec des alternatives de neige et de
grandes pluies ; à la glace succéda la boue, tout aussi
fatigante. Il s'agissait d'arriver à temps pour surprendre les Anglais ; mais, dès notre arrivée à Torde-
sillas, le 28 novembre, ceux-ci s'étaient repliés vers le
port de la Corogne.

L'empereur voulut les poursuivre, nous occupâmes
Benavente. Nos fantassins étaient à tous moments
forcés de placer leurs armes et leurs effets sur la tête,
pour traverser, tout nus, des rivières d'eau glaciale ;
beaucoup ne purent suivre, et le 31 décembre, par un
temps affreux, Napoléon et Lannes arrivèrent la nuit,
presque seuls, à Astorga, d'où fort heureusement les
Anglais venaient de décamper.

[1] Mémoires de Marbot.

Le maréchal, tout mouillé, avait le frisson ; rien ne pouvait le réchauffer ; Marbot le déshabilla complètement, le roula dans des couvertures, entre deux matelas, et parvint ainsi à le ranimer.

Le maréchal écrivit le lendemain à la duchesse :

« Je suis toujours bien fatigué de ma chute. Je suis sûr que personne dans l'armée ne marcherait à ma place. Nous sommes à la poursuite des Anglais ; mais je ne vois plus que la présence de l'empereur soit utile. Je suis auprès de lui, très content ; il me semble, quand je suis loin, qu'il va toujours lui arriver du mal. Tu vois, ma chère Louise, que personne ne l'aime de cœur comme moi. »

Le 1ᵉʳ janvier 1809, Napoléon, ayant appris les préparatifs de guerre de l'Autriche, rentra en France, chargeant Soult de la poursuite des Anglais, qui furent battus à la Corogne, où Moore fut tué ; et donnant à Lannes la mission de prendre Saragosse. Celui-ci écrivait à la maréchale, le 14 janvier 1809 :

« Je t'ai dit que je partais pour aller prendre le commandement des corps de Junot et de Mortier devant Saragosse. Je viens de passer quinze jours bien pénibles ; j'ai suivi Sa Majesté pendant tout ce temps, sans domestiques, sans avoir de quoi changer une seule fois de chemise. Je ne me rappelle pas avoir jamais tant souffert ; il faut ajouter que j'étais souffrant de ma chute de cheval. On ne s'est même pas aperçu que je souffrais. De retour près de ma chère Louise, je ne penserai plus qu'au bonheur d'être avec elle. »

CHAPITRE XVI

1808-1809

Siège et prise de Saragosse. — Grandeur d'âme du maréchal Lannes.
— Son retour en France.

Saragosse, grande ville située sur les deux rives de
l'Èbre, semblait imprenable, protégée qu'elle était par
sa tête de pont, ses murs de dix pieds de haut sur
trois d'épaisseur, ses vastes monuments, ses nombreuses églises, ses couvents, qui formaient autant de
citadelles défendues par cent cinquante bouches à feu
de gros calibre et par plus de soixante mille hommes,
dont trente-cinq mille soldats réguliers et vingt-cinq
mille paysans bien armés et braves, et par toute une
population fanatisée par des moines patriotes qui ne
redoutaient pas la mort et qu'excitaient leur chef
Basile et le général Palafox son élève, dont le patriotisme égalait l'orgueil.

La direction de la défense était confiée à un Belge,
le général de Saint-Marc, officier de grande valeur.

Les vivres, les munitions, abondaient dans la place;
les femmes, les enfants, se montrant aussi passionnés

que les hommes, concouraient à la lutte. D'ailleurs, toute faiblesse était interdite ; des potences installées sur les places publiques attendaient non seulement les traîtres, mais tous ceux qui étaient soupçonnés de tiédeur !

Déjà les généraux Lefèvre-Desnoëttes et Verdier, les maréchaux Ney (duc d'Elchingen), Mortier (duc de Trévise) et Moncey (duc de Conegliano), avaient dû renoncer à ce siège ; Junot (duc d'Abrantès) n'eut pas plus de succès. C'est en vain que le prince Pignatelli, le plus grand seigneur du pays, — un ami de Napoléon, — conseilla la soumission ; les habitants voulurent le pendre, et Palafox le fit enfermer dans un cachot.

Tout l'Aragon étant soulevé contre nous, il fallait faire face de tous les côtés à la fois ; mais le 22 janvier Lannes arriva pour prendre le commandement en chef :

« Dès lors, dit Belmas, on vit l'ensemble qui fait la force des armées, tous les efforts étant dirigés par une volonté ferme et énergique. »

Notre armée de siège, sous les ordres du maréchal duc de Montebello, comprenait le corps du maréchal Mortier, celui de Junot, avec les divisions Suchet, Gazan, Grand-Jean, Munier, Merlet et la cavalerie de Vattier, environ vingt-huit mille hommes. Le général Lacoste commandait le génie.

Le duc de Montebello écrivait à la maréchale le 26 janvier 1809 :

« Tu vois, ma chère amie, que je ne laisse passer aucune occasion pour te donner de mes nouvelles. Le maréchal Mortier avait reçu l'ordre de passer l'Èbre pour aller attaquer l'ennemi qui venait pour nous forcer à lever le siège ; il l'a complètement battu ; il lui a tué quinze cents hommes, pris six pièces de canon et deux drapeaux. Demain nous attaquons la ville. J'espère que nous y serons logés dans deux jours. Il faudra ensuite faire le siège de chaque maison, c'est ce qui rendra la chose longue. Il vaut mieux être un peu plus longtemps et ne pas perdre du monde. »

Dès le 27, l'assaut fut donné et plusieurs coins de la ville furent pris ; mais il fallut ensuite, procédant avec méthode, faire le siège de chaque maison et de chaque édifice, et cette horrible guerre de rue, où la mine joua son rôle infernal, se prolongea jusqu'au 20 février.

« On faisait sauter les maisons avec leurs défenseurs ; puis on minait les suivantes et ainsi de suite. L'acharnement des Espagnols était si grand que, pendant qu'on minait une maison et que le bruit sourd des coups de marteau les prévenait de l'approche de la mort, pas un ne quittait l'habitation qu'il avait juré de défendre. Nous les entendions chanter les litanies ; puis aussitôt que les mines, volant en l'air, retombaient avec fracas en écrasant la plupart d'entre eux, tous ceux qui échappaient au désastre se groupaient sur les décombres et cherchaient à les défendre en se retranchant derrière le moindre abri, d'où ils recommençaient à tirailler !

« Mais nos soldats, prévenus du moment où la mine devait jouer, se tenaient prêts, et, dès que l'explosion s'était produite, ils s'élançaient rapidement sur les décombres, tuaient tout ce qu'ils rencontraient, s'établissaient derrière des pans de mur, élevaient des retranchements avec des meubles, des poutres, et pratiquaient au milieu de ces décombres des passages pour les sapeurs qui allaient miner la maison voisine. Outre la mine, les Français employèrent une nombreuse artillerie et lancèrent jusqu'à onze mille bombes dans la ville. Malgré cela, Saragosse tenait toujours[1]. »

Le siège de Saragosse est un grand exemple de ce que peut un peuple religieux et patriote.

« A la volonté de Dieu, » criaient les assiégés résignés à la mort; et en tombant ils chantaient encore des psaumes :

Par pitié, le maréchal Lannes envoyait à ces braves des parlementaires, pour leur proposer une capitulation honorable. Ils ne voulaient rien écouter.

Nous pratiquions des brèches pour donner l'assaut aux grands édifices; mais la défense était terrible et nous perdions beaucoup de monde.

« Nous fatiguons beaucoup ici, écrivait le maréchal Lannes, le 30 janvier; voilà plus de huit jours que je n'ai fermé l'œil; joins à cela, ma chère Louise, ma santé délabrée. Mais c'est égal! je veux en finir. »

Le maréchal, toujours en grande tenue, se montrait partout au plus fort du danger, donnant à tous l'exemple du courage, du sang-froid et de la persévérance. Le général Lejeune raconte ce qui suit :

« Le 31 janvier, Lannes était allé visiter les tra-

----

[1] Mémoires de Marbot.

vaux, et au lieu de revenir à couvert par les chemins creux des tranchées, il nous conduisit à travers champs, à demi-portée de fusil de la place. Là, il monta sur un tertre pour mieux voir. Pendant qu'il nous donnait tranquillement ses ordres, des coups de fusil ajustés sur son brillant uniforme passèrent dans nos habits et blessèrent un de ses officiers. Chacun alors sauta dans les tranchées ; mais monsieur le maréchal, restant immobile, continuait à me parler. J'aurais eu mauvaise grâce à l'écouter de loin ; je montai auprès de lui ; ce ne fut qu'après avoir terminé qu'il descendit lentement dans la tranchée. »

« Quelle guerre horrible, écrivait le maréchal, le 1er février; nous sommes dans la place depuis le 27 janvier. On se bat nuit et jour avec un acharnement sans exemple. Le brave général Lacoste a été tué ; le feu est sur deux ou trois points de la ville, que nous écrasons de bombes. Cela ne fait rien sur le moral de ces gens-là. »

« Quelle guerre pénible, répétait-il, le 6 février. J'aimerais mieux dix batailles en un jour que la guerre que nous faisons contre les maisons ! Je serais bien content si nous étions maîtres de Saragosse dans un mois. Je suis si fatigué que j'ai de la peine à me tenir même assis. »

Des épidémies affreuses décimaient la ville. Plus de cinq cents personnes tombaient par jour. On n'avait pas le temps d'enterrer les morts, et les cadavres pourrissaient dans les rues. C'était une infection épouvantable, et nos soldats, exténués, commençaient à se décourager.

Mais Lannes relevait les cœurs. Au milieu de ces tristesses, de ces maux horribles, il paraissait toujours gai aux yeux des soldats, auxquels il ne manquait jamais d'adresser de bonnes paroles.

C'est par cette attitude paternelle, amicale, éveillée, entraînante que l'on donne de la confiance et de l'entrain aux hommes et qu'on obtient le maximum d'effet utile. Lannes traitait de mauvais chefs ces officiers qui ne rient jamais, qui, froids, maussades, raides, pointilleux, n'emploient pour conduire les soldats d'autres forces que la sévérité ou le rappel au devoir.

« Les chefs, disait Lannes, qui ne savent que se faire craindre sèment bientôt la méfiance, la haine, et sont incapables d'amener au combat, où, pour vaincre glorieusement, il faut faire plus que son devoir. »

Il était plutôt porté à l'indulgence. Ainsi, par maladresse, un soldat, en déchargeant son fusil sans se servir du tire-bourre, avait tiré sur le maréchal, et la balle avait coupé les rênes de son cheval tout près de la main. Cet homme fut aussitôt arrêté, mais Lannes, réprimant un premier mouvement de colère, s'approcha du coupable et lui dit doucement :

« Je suis sûr, maladroit, que si tu m'avais tué, tu en aurais eu le plus grand chagrin. Allons! ne recommence plus. »

Et le soldat, qui n'eut pas de punition, ne songea plus qu'à exposer sa vie pour la gloire du maréchal, qu'il adora.

Rien n'ébranlait le maréchal, quand il était « à son affaire » : un Espagnol embusqué lui avait tiré à bout portant un coup de fusil qui avait brûlé son habit.

Furieux, il monta dans les combles d'un couvent et ajusta lui-même une dizaine de coups de fusil sur l'Espagnol qui s'enfuyait ; l'ennemi dirigea alors un obusier sur le couvent et un obus coupa en deux le capitaine de génie Lepot, qui regardait par-dessus l'épaule du maréchal ; celui-ci, couvert du sang de cet officier, n'en continua pas moins de tirer, malgré son chagrin.

Dans sa biographie de Lannes, le général Thoumas rapporte l'anecdote suivante, racontée par le général Lejeune, témoin de la scène :

« Le maréchal Lannes, en faisant sa tournée, aperçut des soldats qui regardaient un tableau échappé à l'incendie d'un couvent; ils disaient :

« — Le bon Dieu laissera boire un coup au vieux, comme le maréchal nous fera passer le goût du pain. »

« S'étant approché, il vit qu'ils admiraient un Murillo représentant Jésus qui invite l'apôtre saint Pierre à marcher sur les eaux :

« — Eh bien, mes amis, leur dit-il avec assurance, Dieu parle ici à saint Pierre précisément comme j'ai à vous parler à vous-mêmes. Dieu lui dit : « Pierre, « si tu as foi en mes paroles, tu marcheras sur les eaux.» Ce qui signifie : « Si tu as confiance en moi, ta persé- « vérance triomphera de tous les obstacles. » Saint Pierre a marché sur les eaux ; et vous, mes amis, dans peu de jours vous prendrez Saragosse. »

« Et le maréchal s'éloigna au bruit des joyeux vivats de son auditoire. Mais il n'avait pas parlé à toute l'armée, et les plaintes continuaient de plus belle :

« — Quelle folie, s'écriaient les soldats, de vouloir assiéger cent mille hommes avec dix mille! On nous enterrera tous ici. Le quart de la ville incendiée nous coûte déjà le quart des nôtres; nous sommes à peine nourris et exténués de fatigue; l'armée entière succombera avant d'avoir forcé ces fanatiques à nous abandonner une maison où nous puissions nous reposer un peu. »

« Et Lannes de répondre :

« — Cinquante mille Espagnols en état de porter les armes se laissent enfermer par une poignée de soldats! c'est qu'ils tremblent devant nous; dans quelques jours, ils ne pourront vous opposer qu'une faible résistance. »

« Des centaines de paysans des deux sexes étant sortis de la ville, Lannes les fit bien boire et bien manger, leur fit donner à chacun deux francs et deux pains, et les força à rentrer dans la place :

« Je veux, dit-il, que les habitants de cette ville sachent que nous avons des vivres en abondance et qu'ils apprennent ce qu'on peut attendre de ma générosité. »

« Le 20 février, les Français, ayant pris d'assaut un couvent de religieuses, y trouvèrent non seulement les nonnes, mais plus de trois cents femmes de toutes conditions qui s'étaient réfugiées dans l'église. Elles furent traitées avec beaucoup d'égards et conduites auprès du maréchal. Ces infortunées, s'étant trouvées cernées de toutes parts pendant plusieurs jours, mouraient de faim!... Le *bon* maréchal Lannes les conduisit lui-même au marché du camp, où, faisant appel à tous les cantiniers, il ordonna d'apporter à manger à ces femmes, en ajoutant qu'il se chargerait du paiement. La générosité du maréchal ne se borna pas là ; il les fit toutes reconduire à Saragosse. A leur rentrée dans la ville, la population, qui du haut des toits et des clochers les avait suivies des yeux, se précipita au-devant d'elles pour entendre le récit de leur aventure. Toutes firent l'éloge du maréchal et des soldats français ; aussi, dès ce moment, l'exaltation de cette malheureuse population s'apaisa, et il fut convenu qu'on se rendrait [1]. »

Le matin, Lannes avait écrit à la duchesse :

« Quel métier, ma chère Louise, Saragosse ne sera bientôt plus qu'un monceau de ruines. J'ai fait attaquer avant-hier le faubourg : point très important, j'avais fait placer cinquante bouches à feu ; il était défendu par sept mille hommes. Aujourd'hui, c'est un corps ennemi de vingt mille hommes qui vient au secours de Saragosse. Il sera bien reçu ! S'il était venu avant la prise du faubourg, il ne nous aurait pas fait plaisir. En vérité, quand j'ai vu le faubourg, j'ai été très effrayé des ouvrages que l'ennemi y avait faits. »

Le soir, il ajouta ce post-scriptum :

« Saragosse vient de se rendre : quelle grande chose, ma chère amie [2] ! »

En effet, après avoir braqué cinquante bouches à

[1] Mémoires de Marbot.

[2] Cette lettre très vraisemblablement fut apportée à la maréchale par son frère, le colonel de Guéhéneuc, qui était à cette époque officier d'ordonnance de son beau-frère le maréchal. Celui-ci l'avait désigné, en effet, pour porter à l'empereur la nouvelle de la prise de Saragosse, en lui recommandant de faire d'autant plus de diligence qu'il savait que l'empereur attendait cette nouvelle avec la plus vive impatience. Le colonel de Guéhéneuc partit donc de Saragosse à francs étriers, un courrier le précédant, de relais en relais, pour faire préparer d'avance le cheval de rechange

feu contre les quais de l'Èbre et pratiqué six fourneaux de mine prêts à faire explosion sous le Cosso, le maréchal, entouré de tout son état-major, venait de recevoir les délégués de la junte auxquels il avait dicté les termes de la capitulation. La ville se rendait à discrétion. La garnison de quarante mille hommes déposa ses armes et ses drapeaux et fut emmenée prisonnière ; tous les officiers furent autorisés à garder leurs épées.

Ce siège terrible avait duré cinquante-deux jours.

C'était un spectacle affreux : la ville en ruines, encombrée de cadavres en putréfaction, au milieu desquels se traînaient les rares survivants, déjà à demi morts.

La lettre du duc de Montebello au prince de Neuchâtel (maréchal Berthier) donne une idée de cette hécatombe :

« J'ai fait faire le relevé ci-joint des personnes mortes depuis le 21 décembre jusqu'au 21 février, jour de notre entrée dans la place. Votre Altesse verra qu'il est mort plus de cinquante-quatre mille personnes. C'est inconcevable ! Depuis notre entrée dans Saragosse, il en est mort encore huit à dix mille, et

nécessaire. Cet officier fit ainsi, d'une seule traite, le trajet de Saragosse à Paris, sans prendre le moindre repas, ne se nourrissant que de lait. Aux derniers relais, il était tellement harassé, qu'on fut obligé chaque fois de le soulever de sa selle pour le replacer sur sa nouvelle monture. Arrivé aux Tuileries, il se fit immédiatement *porter* dans le cabinet de l'empereur à qui il ne put dire que ces mots :

« Sire, Saragosse est prise. »

Puis il tomba en syncope. L'empereur le fit mettre dans un bain et vint quelques instants après prendre lui-même de ses nouvelles.

Ce véritable raid laisse bien derrière lui tous ceux accomplis depuis cette époque. Il est bon de le donner en exemple. Il montrera à nos officiers avec quelle endurance, quelle mâle énergie et quelle volonté héroïque leurs braves devanciers accomplissaient alors leur mission.

cette ville est réduite, en ce moment, à douze ou quinze mille habitants... »

« Quant à nous, nous avons perdu environ quatre mille hommes... »

Le maréchal se montra vis-à-vis des vaincus aussi clément que généreux; il fit désinfecter la ville et remettre, autant que possible, les choses en ordre. Le moine Basile fut seul poursuivi à cause de ses cruautés, et en voulant s'échapper il se noya dans l'Èbre.

Le prince Pignatelli allait être égorgé dans son cachot. Le duc de Montebello le sauva en mettant pour première condition de la capitulation qu'on le lui rendrait vivant :

« Nous vîmes donc, dit Marbot, arriver ce malheureux conduit par un geôlier à figure atroce qui, après l'avoir très durement maltraité pendant sa longue captivité, eut l'effronterie de l'escorter, les pistolets à la ceinture, jusque dans la chambre du maréchal, voulant avoir, disait-il, un reçu de la propre main du chef de l'armée française. Le maréchal le fit mettre à la porte. Mais cet homme ne voulant pas s'en aller sans un reçu, Labédoyère, fort peu endurant, se mit en fureur et lui fit descendre les escaliers à grands coups de pied *dans le derrière* (sic). Quant au prince Pignatelli, la fièvre le dévorait et on n'avait pas un seul lit à lui offrir, car le maréchal s'était logé dans une maison entièrement nue, mais qui avait l'avantage d'être placée auprès du point d'attaque, tandis que le général Junot, bien moins consciencieux, s'était établi à une grosse lieue de la ville, dans un riche couvent. Il y faisait très bonne vie et offrit l'hospitalité au prince, qui l'accepta. Elle lui devint funeste, car le duc d'Abrantès lui fit faire une telle bombance que son estomac, débilité par le régime de la prison, ne put supporter ce brusque changement, et le prince mourut au moment où son retour à la liberté le rendait si heureux[1]. »

Cette perte fut sensible au duc de Montebello, qui avait apprécié les qualités de ce grand seigneur et qui avait compté sur les services qu'il aurait pu rendre dans la réorganisation de l'Aragon.

Le 22 février, le maréchal écrivait à la duchesse de Montebello :

« J'espère que Sa Majesté me donnera l'ordre de rentrer en France. Que je suis heureux, ma chère amie, d'être parvenu à sauver Saragosse! Pas un individu n'a été insulté! Aussi, ma chère Louise, les habitants sont-ils nuit et jour dans les églises pour prier Dieu pour moi, ainsi que Notre-Dame del Pilar. On doit chanter un *Te Deum* dans cette église.

« Je ferai mon entrée dans la ville ce jour-là. La prise de Saragosse donnera la tranquillité au peuple d'Espagne. »

Lannes, qui était un vrai grand homme, n'avait garde d'oublier Dieu. Il savait bien que, sans religion, il n'y a pas de vrais braves, pas de vraie armée. Le *Te Deum* eut lieu le 6 mars, avec une grande solennité. Lannes fit son entrée dans l'église accompagné du maréchal Mortier, de tous les généraux et officiers et d'une députation de soldats.

Le 7 mars, il écrivait encore à sa femme :

« J'ai fait hier mon entrée. Jamais je n'ai vu de

---

[1] Il laissa plus de neuf cent mille francs de rente à un collatéral.

cérémonie si belle! Les habitants ne reviennent pas de la manière généreuse avec laquelle je les ai traités. Aussi, d'ennemis acharnés j'en ai fait de vrais amis à l'empereur et au roi.

« A la suite de la fête, j'ai donné un dîner de quatre cents couverts; tout a très bien marché. J'espère que Sa Majesté me donnera bientôt l'ordre de rentrer en France. »

Enfin cet ordre arriva et, après avoir donné le gouvernement de l'Aragon à Suchet[1], le maréchal duc de Montebello quitta Saragosse le 26 mars 1809, pour se rendre à Lectoure et à Paris, où, pour la dernière fois, hélas! l'attendait la maréchale avec ses cinq enfants.

[1] Fait maréchal duc d'Albufera en 1812.

CHAPITRE XVII

1809

Si Lannes était avide de gloire, il n'en aspirait pas moins au bonheur de la vie domestique, et ce bonheur le fuyait sans cesse. Il adorait sa femme et ses enfants, et c'est à peine si de loin en loin, entre deux batailles, il eut la satisfaction de passer quelques jours avec eux.

Après Marengo, après Austerlitz, après Iéna, après Friedland, comme après Saragosse, il éprouva la joie du retour à ses foyers, joie presque aussitôt suivie de la douleur de la séparation.

« Il faut donc, papa, lui disait son fils aîné alors âgé de huit ans, il faut donc que tu ailles toujours à la guerre, jusqu'à ce que tu sois tué. »

Les guerres se succédaient presque sans interruption.

De là certaine irritation contre l'empereur, qu'il

aimait pourtant avec passion. Il s'était emporté contre lui au moment et à propos de la guerre d'Espagne; à son retour, il disait[1] :

« Je ne sais si c'est une guerre politique, mais c'est une guerre antihumaine et antiraisonnable; car, pour y conquérir une couronne, il faut d'abord y tuer une nation qui se défend, et cela est triste et long! C'est une grande faute et un grand mal de s'attaquer ainsi aux convictions des hommes; c'est une guerre où on n'a jamais le dernier, parce que la conscience est au-dessus de la force et ne s'use pas comme elle. »

Et comme, à peine arrivé chez lui, il avait déjà reçu l'ordre de partir pour la guerre d'Autriche :

« Les armées s'usent promptement à ce jeu, ajoutait-il, et les chefs n'y durent pas; on ne peut espérer partout la même fortune, et dans ces brusques changements de front on rencontre vite son dernier champ de bataille. Quelques grandes batailles gagnées bientôt en Allemagne vont redonner des prétextes à cette ambition à laquelle nous sommes attachés en diagonale, comme les faux tranchantes aux chars de guerre des anciens. Nous courons de même, lancés à toute course, coupant et moissonnant tout sur notre passage jusqu'à ce que nous tombions dans quelque abîme où le char se brise avec nous. »

Le maréchal Lannes avait quitté Saragosse le 25 mars; il était déjà, le 18 avril, sur le Danube d'où il écrivait à la duchesse de Montebello :

« Je suis arrivé à Donawerth au moment où Sa Majesté montait en voiture; je suis parti avec elle.

[1] Villemain, témoin de la conversation.

Nous sommes en présence de l'ennemi, nous aurons une affaire d'ici à deux jours; nous le rosserons et nous serons bientôt à Vienne. »

Il s'agissait d'éloigner de la Bavière l'armée autrichienne, de la tailler en pièces, de devancer ses débris à Vienne où, comme en 1805, on traverserait le Danube pour remporter une bataille décisive.

Comme on va le voir, la première partie de ce plan réussit à merveille; mais Napoléon ne put arriver à Vienne assez tôt pour s'emparer des ponts de Spitz. Et le maréchal Lannes fut mortellement frappé avant la grande bataille de Wagram, qui força l'Autriche à la paix.

Dès le 19 avril, Lannes prit à Thann le commandement des divisions Morand, Gudin et Saint-Sulpice, et repoussa vers Arnhoffen tous les Autrichiens qu'il trouva devant lui.

Le lendemain 20, il gagna contre le prince Charles la bataille d'Abensberg, où il fit mettre bas les armes à toute l'infanterie du général autrichien Thierry.

Le 21, il s'empara de Landshut, sur l'Isar, position formidable où l'ennemi perdit dix mille hommes et cinquante-deux canons.

Le 22, avec Davout, duc d'Auerstœdt, il se couvre de gloire à la bataille d'Eckmülh, où les Autrichiens perdent six mille tués ou blessés, quinze mille prisonniers, seize canons, douze drapeaux, et nous quinze cents tués ou blessés seulement.

Marbot, aide de camp du maréchal, raconte cet épisode, qui prouve le sang-froid du duc de Montebello :

« Pendant que le maréchal Lannes m'expliquait ses intentions, en examinant une carte que le général Cervoni, lui et moi, tenions chacun d'un côté, un boulet la traversa et étendit le général Cervoni raide mort sur l'épaule du maréchal, qui fut couvert du sang de son ami. Le maréchal, pénétré de douleur, n'en continua pas moins à me donner des ordres avec clarté, et je courus vers le général Saint-Sulpice, auprès duquel je marchai à la tête des cuirassiers sur Eckmülh. »

C'est alors qu'eut lieu, la nuit, le fameux combat de cavalerie où quarante-huit escadrons français sabrèrent autant d'escadrons autrichiens. Le feu avait cessé des deux côtés, la lune éclairait à peine :

« Les cris des combattants étaient couverts par les sons que rendaient plusieurs milliers de casques et de cuirasses frappés à coups redoublés par des sabres pesants, qui en faisaient jaillir de nombreuses étincelles[1]. »

« Les ennemis se retirèrent dans un tel désordre, raconte encore Marbot, que dans la nuit un de leurs régiments de cavalerie errait autour de nos camps sans trouver aucune issue pour faire retraite, lorsque le colonel de Guéhéneuc (beau-frère de Lannes), allant porter un ordre, tomba dans ce corps, dont le chef, après s'être emparé de la personne de M. de Guéhéneuc, lui dit :

« — Vous étiez mon prisonnier, à présent je suis le vôtre. »

----

[1] Marbot.

« En effet, nous vîmes arriver Guéhéneuc avec le régiment autrichien qui s'était rendu à lui. »

Le maréchal voulait profiter de la déroute désordonnée de l'ennemi pour entrer sans coup férir dans Ratisbonne. Malheureusement, les autres maréchaux ne furent pas de cet avis, et l'empereur arrêta la poursuite.

Il fallut, le lendemain 23, prendre la place de vive force, ce qui nous causa des pertes sensibles et un retard irréparable.

C'est Lannes qui fut chargé de cette opération difficile et périlleuse [1].

L'ennemi avait dans Ratisbonne une forte artillerie et six mille hommes de troupes qui communiquaient avec une armée extérieure de plus de vingt-cinq mille hommes.

Pour pénétrer dans la ville, il fallait, en l'abordant à découvert, descendre dans un fossé profond, à contrescarpe, et sous un violent feu de face et de front; enfin escalader une haute muraille, à peine ébréchée.

Lannes ayant fait avancer ses troupes à quelques centaines de mètres des remparts, à couvert derrière une immense grange en pierres, fit apporter des échelles et demanda cinquante hommes de bonne volonté pour l'escalade : tous tombèrent en route, frappés par les balles ; il demanda cinquante autres hommes, tous tombèrent de même.

« Ces deux échecs successifs, dit Marbot, un des

---

[1] En attendant que tout fût prêt pour l'assaut, Lannes s'était rendu auprès de l'empereur pour prendre ses ordres et causait avec lui, lorsqu'une balle ennemie vint frapper Napoléon à la cheville du pied droit.

Bataille d'Eckmühl 22 (avril 1809, a midi). — D'après un tableau du musée de Versailles.

acteurs de la scène, ayant refroidi l'ardeur des troupes, personne ne bougea plus ; lorsque, pour la troisième fois, le maréchal demanda des hommes de *bonne volonté*. Il aurait pu commander à une ou plusieurs compagnies de marcher et certainement elles eussent obéi ; mais il savait, par expérience, *l'énorme différence qui existe entre ce que le soldat fait par obéissance (par devoir) et ce qu'il fait par élan*. Pour braver cet immense péril, des volontaires étaient infiniment préférables à une troupe commandée. Mais vainement le maréchal renouvelle son appel *aux plus braves de la brave* division Morand ; vainement il leur fait observer que l'empereur et toute la grande armée les contemplent ; on ne lui répond que par un morne silence, tant chacun avait la conviction que dépasser les murs de la grange sous les feux de l'ennemi, c'était courir à une mort certaine ! Alors l'intrépide Lannes s'écrie :

« — Eh bien ! je vais vous faire voir qu'avant d'être maréchal, j'ai été grenadier et le suis encore ! »

« Il saisit une échelle et, en grande tenue, chamarré de toutes ses décorations, il s'élance vers la brèche. Ses aides de camp cherchent à l'arrêter ; mais, continue Marbot, il résiste et s'indigne contre nous ! Je me permis alors de lui dire :

« — Monsieur le maréchal, vous ne voudriez pas que nous fussions déshonorés, et nous le serions si vous receviez la plus légère blessure en portant une échelle contre le rempart avant que tous vos aides de camp aient été tués ! »

« Et alors, malgré ses efforts, je lui arrachai le

bout de l'échelle qu'il tenait et le plaçai sur mon épaule, pendant que de Viry prenait l'autre extrémité et que nos camarades, se réunissant par couples, prenaient aussi des échelles.

« A la vue d'un maréchal de France disputant avec ses aides de camp à qui monterait le premier à l'assaut, un cri d'enthousiasme s'éleva dans toute la division. Officiers et soldats voulurent marcher en tête et, réclamant cet honneur, ils nous poussaient, mes camarades et moi, en cherchant à s'emparer des échelles ; mais, en les cédant, nous aurions eu l'air d'avoir joué une comédie pour exciter l'élan des troupes : *le vin était tiré, il fallait le boire,* quelque amer qu'il pût être ! Le maréchal le comprit et nous laissa faire, bien qu'il s'attendît à voir exterminer une grande partie de son état-major qui devait marcher en tête de cette périlleuse attaque.

« Il s'écria :

« — Partez, mes braves enfants, et Ratisbonne est enlevé !... »

« A ce signal, de Viry et moi nous élançons, traversons la promenade en courant et plongeons notre échelle dans le fossé où nous descendons. Nos camarades et cinquante grenadiers nous suivent. En vain le canon de la place tonne, la fusillade roule, les biscaïens et les balles frappent les arbres et les murs, nous arrivâmes dans le fossé, et appuyant les échelles contre le parapet, nous nous élançons vers le rempart. Je montais en tête d'une des premières échelles, et Labédoyère et moi, nous parvenons enfin tous les deux sur le haut, à la vue de l'empereur et de toute l'armée

qui nous saluent d'une immense acclamation !... MM. de
Viry et d'Albuquerque nous joignirent en un instant,
ainsi que les autres aides de camp et les grenadiers ;
enfin un régiment de la division Morand arrivait au
pas de course [1] ! »

« Il faut pour un assaut qu'il y ait sur les sommets
de fières leçons de courage [2]. »

Ce coup d'audace avait tellement troublé les défenseurs, que leur feu n'atteignit aucun des assaillants ;
étonnés, ils perdirent la tête et s'enfuirent.

Lannes aussitôt fait enfoncer une des portes de la
ville et y entre le premier, faisant prisonnier le bataillon
qui la gardait. Mais l'ennemi avait là un convoi de
poudre que l'incendie allait atteindre, le péril était
extrême, tout allait sauter :

« Nous sommes tous perdus, » s'écrie-t-on.

Lannes pâlit un instant, mais conservant tout son
sang-froid et toute son énergie, il obtint de tous un
ordre parfait ; le maréchal donnant l'exemple, Français
et Autrichiens s'attelèrent ensemble aux chariots,
qu'ils traînèrent loin du feu, hors de la ville.

Ratisbonne était à nous et l'ennemi en pleine déroute
(23 avril).

En cinq jours, cinq batailles gagnées, cinquante
mille prisonniers, cent canons, quarante drapeaux,
trois mille voitures, trois équipages de pont, toutes les
caisses des régiments, etc. C'était un bon début.

Mais, pour devancer l'ennemi à Vienne, il n'y avait
pas un seul jour à perdre, et malheureusement Napo-

<hr>

[1] Mémoires de Marbot.
[2] Victor Hugo.

léon resta deux jours à Ratisbonne, qu'il ne quitta que le 26.

Lannes, marchant avec l'empereur au centre de l'armée, sur la rive droite du Danube, traversa Braunau, franchit l'Inn à Mulhdorf le 27, atteignit la Salza à Burghausen le 29, la franchit le 30, prit Ried le 31. Le 2 mai, à Wels, se mettant lui-même à la tête d'un escadron, il enfonce le centre autrichien, rétablit le pont sur la Traun le 3; et, pendant le combat d'Ebersberg, marche sur Steyer, y rétablit le pont et traverse l'Enns. Le 4, il bat les Autrichiens à Amstetten, et le 7 il arrive à l'abbaye de Mölk, où le rejoint l'empereur, l'armée continuant d'avancer sans qu'on sût si le général autrichien Hiller se trouvait entre Vienne et nous, ou s'il avait traversé le Danube pour aller joindre le prince Charles sur la rive gauche du fleuve.

L'incertitude de Napoléon était fort grande, faute de renseignements positifs.

A cet instant critique, Lannes eut l'idée de proposer à l'empereur de confier à son aide de camp Marbot une mission des plus périlleuses.

Cette mission fit grand honneur à cet officier qui, dans ses Mémoires, en raconte ainsi les émouvants incidents :

« ... L'aide de camp de service auprès du maréchal Lannes vient me prévenir que celui-ci me demande... Je fus introduit dans une immense et magnifique galerie dont le balcon donnait sur le Danube. J'y trouvai l'empereur dînant avec plusieurs maréchaux et l'abbé du couvent, qui a le titre d'évêque. En me voyant, l'empereur quitte la table et s'approche du grand balcon, suivi du maréchal Lannes auquel je l'entends dire à voix basse :

« — L'exécution de ce projet est presque impossible, ce serait envoyer inutilement ce brave officier à une mort presque certaine !

« — Il ira, sire, j'en suis certain, répond le maréchal, il ira ! D'ailleurs, nous pouvons toujours lui en faire la proposition. »

« Me prenant alors par la main, le maréchal ouvre la fenêtre du balcon qui domine le Danube, dont l'immense largeur, triplée en ce moment par une très forte inondation, était de près d'une lieue. Un vent des plus impétueux agitait le fleuve, dont nous entendions mugir les vagues. Il pleuvait à torrents, et la nuit était des plus obscures; on apercevait néanmoins de l'autre côté une immense ligne de feux de bivouac.

« Napoléon, le maréchal Lannes et moi étant seuls auprès du balcon, le maréchal me dit :

« —Voilà de l'autre côté du fleuve un camp autrichien, mais l'empereur désire très vivement savoir si le corps du général Hiller en fait partie ou s'il se trouve encore sur cette rive. Il faudrait que, pour s'en assurer, un homme de cœur eût le courage de traverser le Danube afin d'aller enlever quelque soldat ennemi, et j'ai affirmé à l'empereur que vous iriez. »

« Napoléon me dit alors :

« — Remarquez bien que ce n'est pas un ordre que je vous donne, c'est un désir que j'exprime; je reconnais que l'entreprise est on ne peut plus périlleuse, mais vous pouvez la refuser sans crainte de me déplaire.

Allez donc réfléchir quelques instants dans la pièce voisine et revenez nous dire franchement votre décision. »

« J'avouerai qu'en entendant la proposition du maréchal Lannes, une sueur froide avait inondé tout mon corps ; mais à l'instant même un sentiment que je ne saurais définir, et dans lequel l'amour de la gloire et de mon pays se mêlait peut-être à un noble orgueil, exaltant au dernier degré mon ardeur, je me dis : Comment ! l'empereur a ici une armée de cent cinquante mille guerriers dévoués, ainsi que vingt-cinq mille hommes de sa garde, tous choisis parmi les plus braves ; il est entouré d'aides de camp, et cependant, lorsqu'il s'agit d'une expédition pour laquelle il faut autant d'intelligence que d'intrépidité, c'est moi, moi, que l'empereur et le brave maréchal Lannes choisissent !

« — J'irai, sire, m'écriai-je sans hésiter. J'irai ! et si je péris, je lègue ma mère à Votre Majesté ! »

« L'empereur me prit l'oreille en signe de satisfaction, et le maréchal me tendit la main en s'écriant :

« — J'avais bien raison de dire à Votre Majesté qu'il irait ! Voilà ce qu'on appelle un brave soldat ! »

Lannes aussitôt aida Marbot à organiser l'expédition.

Il y a des circonstances où le chef doit impitoyablement sacrifier la vie de plusieurs pour épargner celle d'un grand nombre.

Lannes demanda un caporal et cinq grenadiers de bonne volonté et sachant l'allemand ; beaucoup se présentèrent, parmi lesquels on choisit les plus braves de la vieille garde, auxquels l'empereur promit la croix dès leur retour.

On fit venir le syndic des bateliers avec les cinq meilleurs matelots du pays, auxquels on offrit six mille francs en or. Mais ceux-ci, quoique pauvres, refusèrent en déclarant que, par le temps qu'il faisait, la traversée était impossible. Alors Lannes les fit conduire de force à la barque :

« Eh bien, dit le syndic, puisque nous n'avons plus que quelques instants à vivre, donnez-nous cinq minutes pour recommander nos âmes à Dieu et faites de même que nous, car vous allez aussi périr ! »

« Ils se prosternèrent tous, ajoute Marbot, les grenadiers et moi les imitâmes, ce qui parut faire grand plaisir à ces braves gens. La prière terminée, je fis distribuer à chacun d'eux un verre de l'excellent vin des moines, et la barque fut poussée au large... »

Lannes, qui aimait beaucoup son aide de camp Marbot, était excessivement ému ; il retourne auprès de l'empereur, dont l'émotion est également vive, et tous deux passent la nuit ensemble, près du balcon, les yeux fixés sur le fleuve, et attendant avec anxiété le retour de ces braves.

Ce n'est qu'après mille accidents, mille périls que, la barque, endommagée par la tempête, qui avait brisé sa mâture, et par les corps flottants, les troncs d'arbres qu'entraînait le courant impétueux, put enfin aborder la rive ennemie ; il était minuit.

Les Autrichiens, se trouvant séparés des Français par l'immensité du Danube débordé, étaient dans une si grande sécurité que, excepté le factionnaire, tout dormait dans le camp. « Jusque-là, ajoute Marbot, ma mission avait été plus heureuse que je n'aurais pu l'espérer, mais... il fallait enlever un prisonnier; je me préparais à courir sur le factionnaire pour le désarmer, le faire bâillonner et le traîner sur le bateau, lorsqu'un bruit métallique et un petit chant à demi-voix vinrent frapper mes oreilles... Un homme portant un bidon de fer-blanc venait en fredonnant puiser de l'eau; dès qu'il se baissa pour remplir son bidon, mon caporal et deux grenadiers le saisirent à la gorge. Cet homme, stupéfait, se laissa conduire au bateau; c'était un soldat domestique d'officier. J'allais me contenter de cette capture, lorsque j'aperçois deux militaires portant chacun le bout d'un bâton au milieu duquel était suspendu un chaudron; je fis signe à mes grenadiers de se cacher de nouveau, et lorsque ces deux Autrichiens se baissèrent pour remplir leur vase, des bras vigoureux, les saisissant par derrière, leur plongèrent la tête dans l'eau; puis, à mesure qu'on en relevait un, sa bouche était couverte par un mouchoir rempli de sable, et des lames de sabre placées sur sa poitrine le contraignaient à nous suivre. Ils furent embarqués comme l'avait été le domestique, couchés à plat ventre dans le bateau, et je remontai à bord, suivi du caporal et des grenadiers. »

Après bien des difficultés, la barque reprend le large; mais le factionnaire a entendu du bruit et il tire. Au coup de feu « toutes les troupes du camp se lèvent précipitamment, et les artilleurs me font l'honneur de tirer le canon sur ma barque. Mon cœur bondit de joie au bruit de cette détonation, qui devait

être entendue par l'empereur et par le maréchal Lannes ;
mes yeux se portèrent vers le couvent de Mölk dont,
malgré l'éloignement, je n'avais cessé d'apercevoir les
nombreuses croisées éclairées. Elles furent probablement toutes ouvertes à l'instant ; mais la lumière d'une
seule me parut augmenter de vivacité, c'était celle de
l'immense fenêtre du balcon qui, grâce à ses dimen-
sions, pareilles à celles d'un portail d'église, projetait
au loin une grande clarté sur les eaux du fleuve : on
venait de l'ouvrir en entendant gronder le canon ».
L'empereur et Lannes sont sur ce balcon, faisant des
vœux pour le retour de Marbot. Enfin, malgré des
obstacles, des dangers de tous genres, la barque aborda
la rive amie avec un bonheur miraculeux, et le capitaine
Marbot avec les grenadiers, les matelots et les prisonniers, se dirigea sur Mölk où il arriva quand il faisait
grand jour. Il avait déjà appris par les prisonniers
que le corps d'armée était bien celui du général Hiller.

« A mon arrivée, dit Marbot, le bon maréchal
Lannes vint à moi, m'embrassa cordialement et me
conduisit sur-le-champ auprès de l'empereur en
s'écriant :

« — Le voilà, sire, je savais bien qu'il reviendrait !
Il amène trois prisonniers du corps du général Hiller ! »

Napoléon les fit immédiatement interroger par son
interprète ; et ainsi, grâce à l'idée de Lannes et au
courage de Marbot, il apprit que le général Hiller
avait bien rejoint le prince Charles de l'autre côté du
Danube.

En conséquence, l'empereur put, en toute sécurité, faire avancer ses troupes sur Vienne[1].

Le 8, Lannes à l'avant-garde couche à Saint-Polten, et le 9 il s'empare des faubourgs de Vienne.

Mais malheureusement ses conseils n'avaient pas été écoutés à Ratisbonne, où Napoléon avait perdu deux jours, ce qui donna à l'archiduc Charles, gagnant de vitesse, le temps d'arriver à Vienne un jour avant nous.

La capitale de l'Autriche était défendue, et nous n'avions plus l'espoir de surprendre le pont.

Après une certaine résistance, la ville capitula; mais sa garnison avait pu passer sur la rive gauche du Danube et détruire tous les ponts.

Notre situation devenait grave; il fallait se hâter de passer le Danube pour atteindre l'archiduc Charles avant l'arrivée des renforts qui lui étaient destinés. Lannes recevait de l'empereur l'ordre suivant :

« Mon cousin, donnez ordre qu'on continue de faire à Nusdorf des démonstrations de passage pour tenir en haleine l'ennemi. »

A la suite d'une fausse manœuvre du général Saint-Hilaire, Napoléon et Lannes allèrent eux-mêmes reconnaître la rive pour y faire jeter un pont. Le maréchal, ayant fait un faux pas, tomba dans le fleuve, et l'empereur, qui était seul auprès de lui, dut pour l'en retirer entrer dans l'eau jusqu'à la ceinture; ils

---

[1] Marbot fut nommé chef d'escadron, chevalier de l'Empire avec dotation. Le caporal et les cinq grenadiers furent décorés et nommés chevaliers de l'Empire avec douze cents francs de rente. Les bateliers reçurent douze mille francs au lieu de six mille. Napoléon renvoya les prisonniers les poches pleines d'or.

étaient tous deux nerveux et inquiets, cherchant un endroit favorable au passage. Enfin ils reconnurent que, vers l'île de Lobau, la configuration du terrain se prêtait le mieux à l'opération, et c'est à travers cette île que le pont fut jeté (le 19 mai).

Le passage fut lent et difficile à cause de la longueur du pont, de son peu de solidité et de la crue du fleuve qui d'un moment à l'autre pouvait le rompre et tout perdre.

Cependant, le 20, l'empereur et le maréchal se logèrent ensemble dans l'île de Lobau et dès le lendemain (21 mai) l'action s'engagea.

Plaçons ici une anecdote qui donna lieu à une réflexion très juste du maréchal :

Le commandant Hulot d'Hozery, officier très brave, curieux de savoir ce qui se passait sur le champ de bataille d'Essling, quitta son régiment, prit une nacelle et alla sur la rive gauche. « Là, il monte à cheval et vient auprès d'Essling caracoler en amateur ; un boulet lui emporte le bras. Dès que cet officier eut été conduit à l'ambulance pour être amputé, le maréchal Lannes, qui n'aimait pas les fanfarons, nous dit :

« — Souvenez-vous, messieurs, qu'à la guerre les fanfaronnades sont toujours déplacées, et que le vrai courage consiste à braver les périls auxquels on est exposé en restant à son poste, et non à aller parader au milieu des combats sans y avoir été appelé par le devoir[1]. »

Le duc de Montebello, s'appuyant sur Essling, commandait notre droite et notre centre, ayant sous ses

----

[1] Mémoires de Marbot.

ordres le maréchal Bessières[1]; le duc de Rivoli, s'appuyait sur Aspern, mais nous n'avions encore sur la rive gauche que vingt-quatre mille fantassins et cinq mille cavaliers à opposer aux quatre-vingt mille Autrichiens.

Malgré cette infériorité du nombre, Lannes, qui tout d'abord avait dû se tenir sur la défensive, repoussa toutes les attaques, puis crânement fondit sur l'ennemi et l'enfonça: cinq fois les villages d'Essling et d'Aspern avaient été pris et repris; les Français en restèrent enfin maîtres, mais les Autrichiens, tout en rétrogradant, faisaient avancer des renforts pour la bataille du lendemain.

Pendant cette première journée, le maréchal et son état-major coururent de grands dangers.

« Au soleil couchant, raconte Marbot, l'ennemi fit pleuvoir sur nous une grêle de projectiles. D'Albuquerque, Labourdonnaye et moi, rangés en face du maréchal, venions lui rendre compte des ordres qu'il nous avait chargés de transmettre, et nous tournions par conséquent le dos aux canons ennemis. Un boulet, frappant le malheureux d'Albuquerque au bas des reins, l'enlève, le lance par-dessus la tête de son cheval et le jette raide mort aux pieds du maréchal qui s'écrie :

« — Voilà la fin du roman de ce pauvre garçon!... Mais c'est du moins une belle mort! »

« Un second boulet blesse Labourdonnaye. Placé entre mes deux camarades, je les vis tomber au même instant. Aussitôt, un aide de camp du général Boudet, s'étant avancé pour parler au maréchal, eut la tête

[1] Fait duc d'Istrie après Wagram; tué par un boulet à Lutzen, en 1812.

emportée d'un coup de canon sur le terrain même que je venais de quitter. »

Au milieu de cet épouvantable danger, voyant ses officiers, ses amis, tomber auprès de lui les uns après les autres, Lannes, quoique très sensible, conservait un sang-froid, un calme imperturbable, ne perdant pas de vue un seul instant les mouvements des troupes et continuant à donner des ordres avec une lucidité et une précision inouïes. Au moment où son aide de camp d'Albuquerque roulait mort à ses pieds, il s'aperçut que le maréchal Bessières, que l'empereur avait placé sous ses ordres, ne faisait faire à sa cavalerie que des charges incomplètes, quand une charge à fond de toute la cavalerie pouvait produire un effet décisif. Il n'y avait pas un moment à perdre pour agir vigoureusement, car les colonnes autrichiennes menaçaient de percer notre centre, entre Aspern et Essling. Lannes envoya successivement deux de ses officiers ordonner au maréchal Bessières de charger à fond, mais cet ordre n'ayant pas été textuellement transmis et le maréchal Bessières continuant à charger mollement, il le fit répéter par Marbot auquel il dit avec calme :

« Marbot, le maréchal Augereau m'a assuré que vous étiez un homme sur lequel on pouvait compter ; votre manière de servir auprès de moi m'a confirmé dans cette pensée ; j'en désire une nouvelle preuve : allez dire au maréchal Bessières *que je lui ordonne de charger à fond ;* vous entendez bien, monsieur, *à fond.* »

« En me parlant ainsi, dit Marbot dans ses Mémoires, il me pointait les côtes avec ses doigts. Je m'élance donc au galop, j'aborde très respectueusement le maréchal Bessières auquel j'exprime le désir de parler en particulier. Il me répond fort sèchement :

« — Parlez haut, monsieur ! »

« Je fus donc contraint de lui dire en présence d'une foule d'officiers :

« — Monsieur le maréchal Lannes m'a chargé de dire à Votre Excellence qu'il lui *ordonnait de charger à fond.* »

« Alors Bessières en fureur s'écrie :

« — Est-ce ainsi, monsieur, qu'on parle à un maréchal ? Quels termes ! *vous ordonne* et *charger à fond !* Je vous ferai sévèrement punir de cette inconvenance ! »

« Je répondis :

« — Monsieur le maréchal, plus les expressions dont je me suis servi paraissent fortes à Votre Excellence, plus elle doit être convaincue que je ne fais qu'obéir aux ordres que j'ai reçus. »

« Puis je saluai et revins auprès du maréchal Lannes :

« — Eh bien ! qu'avez-vous dit au maréchal Bessières ?

« — Que Votre Excellence *lui ordonnait de charger à fond !*

« — C'est cela, voilà au moins un aide de camp qui me comprend ! »

La charge de cavalerie eut lieu ; le général Espagne y fut tué, mais le résultat fut très bon, ce qui fit dire au maréchal Lannes :

« Vous voyez bien que ma sévère injonction a produit un excellent effet ; sans cela **M.** le maréchal Bessières eût *tâtonné* toute la journée ! »

La nuit venue, le combat ayant cessé, le maréchal

Bataille d'Essling. — Mort du duc de Montebello.

se rendit avec Marbot auprès de Masséna, vers Aspern,
où il entendait une fusillade. Masséna causait avec Bessières ; celui-ci, apercevant Marbot sans voir Lannes :

« Ah ! c'est vous, monsieur, lui dit-il ; si ce que
vous avez dit tantôt provient de vous seul, je vous
apprendrai à mieux choisir vos expressions en parlant
à un supérieur, et si vous n'avez fait qu'obéir à votre
maréchal, il me rendra raison de cette injure et je
vous charge de le lui dire ! »

« Le maréchal Lannes, ajoute Marbot, s'élançant alors
comme un lion, passe devant moi et, me saisissant le
bras, s'écrie :

« — Marbot, je vous dois une réparation, car, bien
que je crusse être certain de votre dévouement, il
m'était resté quelques doutes sur la manière dont vous
avez transmis mes ordres à monsieur ; mais je reconnais mes torts à votre égard ! »

« Puis, s'adressant à Bessières :

« — Je vous trouve bien osé de gronder un de mes
aides de camp. Celui-ci, monté le premier à l'assaut de
Ratisbonne, a traversé le Danube en bravant une mort
presque certaine et vient d'être blessé deux fois, tandis
qu'il est de prétendus militaires qui de leur vie n'ont
reçu aucune égratignure et n'ont fait leur avancement
qu'en espionnant et dénonçant leurs camarades ! Et
que reprochez-vous à cet officier ?

« — Monsieur, dit Bessières, votre aide de camp
est venu me dire que vous *m'ordonniez de charger à
fond*. Il me semble que de telles expressions sont
inconvenantes.

« — Elles sont justes, monsieur, et c'est moi qui les

ai dictées ! L'empereur ne vous a-t-il pas dit que vous étiez sous mes ordres ? »

« Alors Bessières répondit avec embarras :

« — L'empereur m'a prévenu que je devais obtempérer à vos avis.

« — Sachez, monsieur, s'écria le maréchal Lannes, que dans l'état militaire on n'obtempère pas, **on obéit à *des ordres!*** Si l'empereur avait la pensée **de** me placer sous votre commandement, je lui offrirais ma démission ; mais tant que vous serez sous le mien, je vous donnerai des ordres et vous obéirez, sinon je vous retirerai la direction des troupes. Quant à charger à fond, je vous l'ai prescrit parce que vous ne le faisiez pas et que, depuis ce matin, vous paradiez devant l'ennemi sans l'aborder franchement !

« — Mais ceci est un outrage ! cria Bessières avec colère ; vous m'en rendrez raison !

« — A l'instant même, si vous voulez, » répondit Lannes en portant la main à son épée [1].

Masséna, après avoir cherché en vain à les calmer, dut les sommer, au nom de l'empereur, de se séparer sur-le-champ ; puis il prit amicalement le maréchal Lannes par le bras, pendant que Bessières s'éloignait. Lannes, remontant à cheval, se rendit auprès de l'empereur auquel il raconta ce qui s'était passé.

Celui-ci envoya aussitôt chercher Bessières qu'il reçut fort mal, puis, s'écartant avec lui et marchant à grands pas, Sa Majesté paraissait fort agitée, croisait les bras et semblait lui adresser de vifs reproches. Le maréchal Bessières avait l'air confondu et dut l'être

[1] Mémoires de Marbot.

davantage encore lorsque l'empereur, se mettant à table, ne l'invita pas à dîner, tandis qu'il faisait asseoir le maréchal Lannes à sa droite[1].

Cet épisode de la vie du maréchal Lannes met à nu certains côtés de sa noble nature; sa fermeté et son énergie s'y montrent, en même temps que sa loyauté, sa franchise et sa présence d'esprit. On y voit combien il restait maître de lui-même, en pleine colère comme au plus fort du danger ; avec quelle ardeur et quel cœur il soutenait ses officiers injustement traités ; avec quelle puissance de volonté il persévérait dans sa ligne de conduite et comment il savait se faire obéir des plus récalcitrants.

Quelques auteurs ont mal interprété la dureté de l'ordre qu'il fit porter à Bessières ; ils ont cru y voir un sentiment de vengeance personnelle.

Sans doute, il a dû éprouver une certaine satisfaction à faire sentir son autorité au maréchal Bessières; mais ce sentiment assez naturel, eu égard aux circonstances, s'est manifesté d'une manière aussi modérée que légitime et la vengeance n'y fut pour rien.

Lannes, à la vérité, avait de bonnes raisons pour en vouloir à Bessières qui sans motifs, depuis dix années, guettait toute occasion de lui nuire dans l'esprit de l'empereur, en employant même la calomnie la plus odieuse : le mariage de Caroline Bonaparte, l'affaire de la garde consulaire, celle de Stettin, lui tenaient encore au cœur; et cependant il avait toujours su maîtriser ses justes ressentiments. Bessières, au contraire, ne pouvait rien avoir à reprocher à Lannes, et

---

[1] Mémoires de Marbot.

pourtant il le haïssait au point de chercher à lui faire le plus de mal possible. La différence des allures et des caractères pouvait certes exclure toute sympathie entre ces deux hommes ; mais de la part de Bessières la haine n'avait point d'excuse, et ce jour-là elle dépassait les bornes.

Vexé de se trouver sous les ordres du maréchal Lannes, le maréchal Bessières semblait n'avoir plus d'autre pensée que celle de diminuer la gloire de son rival au lieu d'y contribuer en en profitant lui-même. Lui, Bessières, si brave et si habile général de cavalerie, ne paraissait-il pas, à ce moment, par la mollesse de ses manœuvres, vouloir tout sacrifier à la jalousie enfantine qui l'aveuglait ; sacrifier jusqu'à son propre intérêt ?

Lannes, voyant ces choses, voulut y remédier. La formule de son ordre était d'une vraie correction ; s'il avait été moins maître de lui-même, il l'aurait peut-être assaisonnée d'épithètes cruelles ; et en agissant comme il l'a fait, il s'est montré ce qu'il devait être, un véritable chef.

C'est ce que l'empereur avait compris, en réprimandant Bessières et en encourageant Lannes.

Le lendemain matin, 22 (deuxième journée de la bataille d'Essling), Lannes commandait son corps d'armée entre Aspern et Essling. Dès que Bessières l'aperçut, il vint lui demander des ordres. Le maréchal Lannes, pour le bien du service, voulant constater son autorité, lui répondit :

« Je vous ordonne, monsieur, de placer vos troupes en seconde ligne, puis vous attendrez mes ordres. »

Bessières dut obéir en silence !

Les ordres de Lannes arrivèrent à propos et Bessières se couvrit de gloire, en chargeant *à fond* l'archiduc Charles.

La bataille s'était engagée terrible. Lannes, à la tête des divisions d'infanterie de Saint-Hilaire, Nansouty, Tharreau, Claparède, Demont et de deux divisions de cavalerie, culbuta violemment l'ennemi au centre, faisant prisonnier un bataillon tout entier, s'emparant de cinq pièces d'artillerie et d'un drapeau, pendant que Boudet, sous ses ordres, se maintenait dans Essling et que l'illustre Masséna, vers Aspern, complétait la victoire. Déjà les Autrichiens chargés par Bessières se retiraient partout en désordre, malgré l'héroïsme de l'archiduc Charles qui, un drapeau à la main, cherchait à enflammer ses troupes. Déjà nos divisions saluaient de leurs acclamations victorieuses l'invincible maréchal Lannes. Le triomphe était complet, quand tout à coup le maréchal vainqueur reçoit de Napoléon l'ordre de se replier : le grand pont venait de se rompre ! Il fallait plus de quarante-huit heures pour le rétablir, et les munitions manquaient !

L'ennemi, s'en étant aperçu, reprit aussitôt l'offensive, avec l'espoir de nous jeter dans le fleuve.

Saint-Hilaire, un des meilleurs généraux et amis de Lannes, est tué, et sa division, accablée, va succomber ; mais Lannes se met à sa tête et arrête encore l'ennemi. Le carnage devint horrible ; Essling et Aspern sont pris et repris plusieurs fois. Lannes, au milieu de la mitraille, paraît invulnérable ; il se précipite une dernière fois sur Essling et en chasse les Autrichiens.

L'ennemi renonçait à la lutte et s'éloignait en canonnant ; le maréchal, fatigué après trente heures de combat, met pied à terre, et pendant qu'il s'entretient avec son vieil ami, le général Pouzet[1], celui-ci, frappé d'une balle, tombe raide mort à ses pieds. Lannes en fut vivement affecté.

Laissons encore parler ici le principal témoin de ces faits :

« Nous étions en ce moment, dit Marbot, un peu en avant de la tuilerie située à gauche et en arrière d'Essling ; le maréchal fort ému, voulant s'éloigner du cadavre de son ami, fit une centaine de pas dans la direction de Stadt-Enzersdorf et s'assit tout pensif sur le revers d'un fossé d'où il observait les troupes. Au bout d'un quart d'heure, quatre soldats, portant péniblement dans un manteau un officier mort, dont on n'apercevait pas la figure, s'arrêtent, pour se reposer, en face du maréchal. Le manteau s'entr'ouvre et Lannes reconnaît Pouzet.

« — Ah ! s'écrie-t-il, cet affreux spectacle me poursuivra donc partout ! »

« Il se lève et va s'asseoir sur le bord d'un autre fossé, la main sur les yeux et les jambes croisées l'une sur l'autre. Il était là plongé dans de sombres réflexions, lorsqu'un boulet de trois, lancé par le canon d'Enzersdorf, arrive en ricochant et va frapper le maréchal au point où ses deux jambes se croisaient ; la rotule de l'une fut brisée et le jarret de l'autre déchiré.

« Je me précipite à l'instant vers le maréchal qui me dit :

[1] Son instructeur au camp du Miral.

« — Je suis blessé, c'est peu de chose, donnez-moi la main, Marbot, pour m'aider à me relever. »

« Il essaya, mais cela lui fut impossible ! Les régiments d'infanterie placés devant nous envoyèrent promptement quelques hommes pour transporter le maréchal vers une ambulance, mais nous n'avions ni brancard ni manteau : nous prîmes donc le blessé dans nos bras. Cette position le faisait horriblement souffrir. Alors un sergent, apercevant au loin les soldats qui portaient le cadavre du général Pouzet, courut leur demander le manteau dans lequel il était enveloppé. On allait poser le maréchal dessus, ce qui eût rendu son transport moins douloureux ; mais il reconnut le manteau et me dit :

« — C'est celui de mon pauvre ami ; il est couvert de son sang, je ne veux pas m'en servir : faites-moi plutôt traîner comme vous pourrez. »

« J'aperçus alors un bouquet de bois non loin de nous ; j'y envoyai M. Le Coulteux et quelques grenadiers, qui revinrent bientôt avec un brancard couvert de branchages. Nous transportâmes le maréchal à la tête de pont, où les chirurgiens en chef procédèrent à son pansement. Ces messieurs tinrent au préalable un conciliabule secret, dans lequel ils furent en dissidence sur ce qu'il fallait faire. Le docteur Larrey demandait l'amputation de la jambe dont la rotule était brisée ; le docteur Yvan s'opposait à l'amputation. Ce chirurgien, connaissant depuis longtemps le maréchal, affirmait que la fermeté de son moral donnait quelque chance de guérison, tandis qu'une opération pratiquée par un temps aussi chaud conduirait infail-

liblement le blessé dans la tombe. Larrey était le chef
du service des armées, son avis l'emporta donc; une
des jambes du maréchal fut amputée !

« Il supporta l'opération avec un grand courage.
Elle était à peine terminée lorsque l'empereur survint.
L'entrevue fut des plus touchantes. L'empereur, à
genoux au pied du brancard, pleurait en embrassant
le maréchal, dont le sang teignit bientôt son gilet de
casimir blanc. Le maréchal fut très sensible aux
marques d'intérêt qu'il reçut de l'empereur, et lorsque
celui-ci, forcé d'aller donner des ordres pour le salut
de l'armée, s'éloigna en disant : « Vous vivrez, mon
« ami, vous vivrez ! » le maréchal lui répondit en lui
prenant la main :

« — Je le désire, si je puis être encore utile à la
France et à Votre Majesté. »

A la nouvelle de la catastrophe, Bessières,
oubliant ses griefs, était accouru auprès du blessé,
déjà entouré d'illustres généraux. Bessières aussi,
comme tous les braves, avait du cœur, et en cette
triste circonstance il n'aspirait qu'à la réconciliation.
Déjà il s'était élancé pour embrasser son pauvre compagnon d'armes, mais, en le voyant en un tel état, il
fondit en larmes, et de peur de lui donner une émotion
dangereuse il passa par derrière en se cachant la face
et lui toucha la main sans être vu. »

Si Lannes l'avait aperçu, il l'aurait attiré dans ses
bras, car sa rancune ne tenait jamais devant un noble
élan.

Malgré ses souffrances, le maréchal n'oubliait pas
son armée, il voulait sans cesse être renseigné sur ses

mouvements ; mais on devait, pour son repos, lui cacher la vérité.

Le maréchal Masséna, l'un de ses meilleurs frères d'armes, vint lui-même le rassurer.

Voici à ce sujet ce que raconte dans son carnet de souvenirs le fils aîné du maréchal (père de l'auteur de ce livre) :

« Le maréchal Masséna était un des plus grands amis de mon père ; quand mon père fut blessé mortellement à Essling, c'est lui qui prit le commandement de son corps d'armée. Je l'ai vu depuis mourir à Paris, de la poitrine, lui qui avait échappé à vingt ans de guerre sans avoir jamais été blessé ; je me rappellerai toujours qu'il me fit appeler, trois jours avant sa mort. Il pouvait à peine se traîner, il se leva pourtant de son fauteuil, s'appuya sur moi et me mena dans son cabinet où était un buste de mon père ; il me raconta alors que, lorsqu'il apprit que mon père avait eu les deux jambes emportées par un boulet, il vint le voir, et qu'en le voyant les premières paroles que lui dit mon père furent celles-ci :

« — Masséna, as-tu conservé ta position ? »

« Masséna lui répondit que oui.

« — Eh bien, lui dit mon père, je mourrai plus tranquille ! »

« Le bon vieux maréchal me racontait cela les larmes aux yeux, en me priant de ne jamais l'oublier. »

Lannes s'inquiétait aussi des blessures de ses aides de camp frappés à ses côtés[1]. Il passa cette première nuit dans l'île sur un amas de manteaux, souffrant

---

[1] De Marbot, de Viry, de la Bourdonnaye, Saint-Mars, O'Méara, etc.

beaucoup de la soif. L'eau du fleuve étant trop bourbeuse et imbuvable, il dit avec résignation :

« Nous voilà comme ces marins qui meurent de
soif bien qu'environnés par les flots. »

Marbot confectionna un filtre avec une chemise du
maréchal, qui enfin put satisfaire sa soif.

Dans la matinée du 23, on transporta le maréchal
sur la rive droite dans une barque et on l'installa dans
une maison d'Ebersdorf, village où l'empereur établit
ses quartiers.

Pendant quelques jours, on conserva l'espoir de le
sauver ; il recevait la visite de l'empereur plusieurs
fois par jour, et il parlait de se faire faire une jambe
mécanique pour remonter à cheval. Mais, dans la nuit
du 27 au 28, la fièvre devint intense, le délire le prit ;
la gangrène s'était déclarée dans les blessures.

« Dans son délire, dit Marbot, son fidèle aide de
de camp, le maréchal, toujours préoccupé de la situation critique dans laquelle il avait laissé l'armée, se
croyait encore sur le champ de bataille ; il appelait à
haute voix ses aides de camp, ordonnant à l'un de faire
charger les cuirassiers, à l'autre de conduire l'artillerie
sur tel point. »

Le 30, il eut une longue faiblesse avec perte de
connaissance. On alla chercher l'empereur, et pour
ranimer le maréchal on fit passer sous ses narines un
flacon d'ammoniaque. Revenant à lui, il s'écria :

« Comment, drôle ! tu mets des cochonneries sous
le nez d'un maréchal d'Empire. Holà ! mes aides de
camp, quarante grenadiers ! qu'on traîne dehors cet
homme par les cheveux ! »

Mort du maréchal Lannes. — D'après le tableau de Bouligny. (Salon de 1894.)

A cet instant, l'empereur entra :

« Ah ! voilà l'empereur ! cria le maréchal. Sire, ce drôle qui m'a empoisonné, qu'il ne rentre plus chez moi, je vous en prie. »

Puis Lannes se calmant demanda à être seul avec Sa Majesté, à qui il prononça ces paroles :

« Au nom de Dieu, sire, faites la paix pour la France, moi je meurs. »

Puis il s'affaissa de nouveau.

L'empereur, ayant appris par les médecins que tout espoir était perdu, s'éloigna profondément attristé.

Enfin il reprit une dernière fois toutes ses facultés mentales, reconnut Marbot, lui serra la main, parla avec tendresse de sa femme et de ses cinq enfants, de son père, et comme Marbot était près de son chevet, il appuya sa tête sur l'épaule de son aide de camp, parut sommeiller et rendit le dernier soupir. C'était le 31 mai au point du jour. Il n'avait que trente-neuf ans[1].

« L'empereur, ajoute Marbot, arriva à ce moment, il se jeta sur le corps de son ami, qu'il embrassa en le baignant de larmes, disant à plusieurs reprises :

« — Quelle perte pour la France et pour moi ! »

« En vain Berthier voulut éloigner l'empereur, Napoléon résista pendant plus d'une heure à toutes les instances et ne céda que lorsque Berthier lui dit que le général Bertrand l'attendait pour le conduire sur l'emplacement d'une batterie importante.

« Alors, donnant les signes de la plus profonde douleur, Napoléon ordonna que le corps du maréchal fût embaumé et il se retira en disant :

[1] Voir Annexe n° 28. Lettre du général Frère, page 229.

« — Au surplus, tout finit comme ça[1]. »

Après l'embaumement, le corps placé dans une voiture fut transporté à Strasbourg, sous la conduite d'un officier et de deux sergents de la garde. Il y demeura une année, et le 6 juillet 1810 (anniversaire de Wagram) il fut mis au Panthéon.

Dans sa vie de Napoléon, l'historien P. Lanfrey rapporte ainsi un épisode d'un des derniers instants du maréchal Lannes :

« Au moment où Napoléon passait dans l'île Lobau, il aperçut la litière où gisait son vieux compagnon d'armes Lannes, qu'on venait d'amputer. Il se précipita vers lui et le couvrit d'embrassements. Le lendemain, il alla le voir dans une maison d'Ebersdorf où le maréchal avait été transporté. On dit que le mourant revenu d'un long évanouissement, précurseur du dernier sommeil, tourna vers lui des regards qui n'étaient plus ni d'un serviteur, ni d'un ami, mais d'un juge. En présence du grand mystère qui dissipe les illusions humaines, et ne voulant plus ménager que la vérité, Lannes repoussa des consolations dont il connaissait tout le néant. Il se répandit en plaintes amères contre l'ambition, l'insensibilité du joueur effréné pour qui les hommes n'étaient plus que cette petite monnaie qu'on expose sans scrupule et qu'on perd sans remords. Lannes avait été républicain[2], il était resté un patriote ardent ; plus d'une fois il avait

---

[1] Lettre du docteur Lanfranc à Corvisart.

Voir Annexe n° 29. Extrait d'une lettre du docteur Lanfranc à Mme de Guéhéneuc, page 229.

[2] Tout jeune, Lannes avait rêvé, dit-on, une république idéale, honnête et juste, respectable et tenant haut le prestige de la France. La Convention

déplu au maître par la hardiesse de ses censures, et montré un front désapprobateur au milieu d'une cour servile. Les paroles qu'on lui attribue à ses derniers moments n'ont donc rien que de très conforme à son caractère, et les dénégations passionnées de Napoléon leur donnent un assez haut degré de probabilité.

« Ce dernier entretien de Lannes avec Napoléon a été reproduit, ajoute Lanfrey, d'après le récit des amis qui entouraient Lannes, par Cadet de Gassicourt qui fut chargé d'embaumer le maréchal. »

D'après les traditions de famille, ce récit serait exact si Lanfrey y avait ajouté que ce même jour, après ces durs reproches, Lannes, témoignant à Napoléon la plus vive affection, lui dit :

« Dans quelques heures, vous aurez perdu votre meilleur ami, l'homme qui vous a le plus aimé. »

Lannes, tout en étant profondément dévoué à Napoléon et l'aimant, comme il l'écrivait « de cœur », lui avait cependant bien des fois déjà fait entendre de cruelles vérités.

Il est permis de croire que si Lannes avait vécu quelques années encore, l'empereur aurait fini par suivre ses avis.

« Si Lannes avait vécu, disait Napoléon à Sainte-Hélène, pour être témoin de nos revers, il aurait été impossible pour lui de quitter le sentier du devoir et de l'honneur ; il eût été capable, par son autorité et son prestige, de changer entièrement l'aspect des affaires.»

lui avait fait horreur ; il avait aidé Bonaparte à renverser le Directoire qui ne lui inspirait que du dégoût. Lannes, vrai patriote, faisait passer l'idée de patrie avant l'idée de parti.

CHAPITRE XVIII

Douleur de Mme la maréchale, duchesse de Montebello. — Lettre de l'empereur. — Obsèques du maréchal. — Le Panthéon. — Ses statues.

La maréchale, duchesse de Montebello, avait une grande affection pour son mari.

Dès qu'elle apprit sa blessure, elle partit pour le soigner, accompagnée de son frère le colonel de Guéhéneuc, qui était venu à Paris apporter la nouvelle de l'entrée des troupes à Vienne. Mais en route celui-ci, ayant appris la mort du maréchal, engagea la duchesse sous un prétexte quelconque à suspendre sa route. Ce fut au moment de ce voyage qu'elle écrivit la note suivante, trouvée en autographe dans les papiers de famille :

« J'ai un pressentiment si fort que le Ciel me l'a rendu que, si j'étais ma maîtresse et que je ne sache pas d'ailleurs le mal que ma présence pourrait lui faire, je partirais pour l'aller trouver. J'ai promis, le sachant en danger, de faire une fondation pieuse de tous mes diamants s'il échappait ; je renouvelle ici cette promesse et je m'y engage par serment. »

Voici en quels termes l'empereur annonça à la maréchale la mort de son mari :

« Essling, le 31 mai 1809.

« Ma cousine,

« Le maréchal est mort ce matin des blessures qu'il a reçues sur le champ d'honneur. Ma peine égale la vôtre ; je perds le général le plus distingué de mes armées, mon compagnon d'armes depuis seize ans, celui que je considérais comme mon meilleur ami.

« Sa famille et ses enfants auront toujours des droits particuliers à ma protection : c'est pour vous en donner l'assurance que j'ai voulu vous écrire cette lettre, car je sens que rien ne peut alléger la juste douleur que vous éprouvez.

« La présente n'étant à autre fin, je prie Dieu qu'il vous ait, ma cousine, en sa sainte et digne garde.

« NAPOLÉON. »

L'impératrice Joséphine et sa fille, la reine Hortense, lui écrivirent également les lettres les plus touchantes.

Masséna lui avait écrit de son côté :

« Ile de Lobau, 12 juin 1809.

« Je n'essayerai pas, madame, de vous donner des consolations sur la perte que nous venons de faire : elle est incalculable, et j'ai besoin moi-même de consolateur. Ah ! si les hasards de la guerre respectaient les grands hommes ; si la bravoure et les hautes vertus guerrières étaient des boucliers invulnérables, nous n'aurions pas à pleurer aujourd'hui. Notre prince et notre pays posséderaient encore un de leurs plus illustres défenseurs; sa famille et ses amis reverraient encore l'objet de leurs plus chères affections. Mais il n'est plus ! Sa mémoire et ses lauriers occupent déjà le premier rang dans nos temples, comme il occupait la première place dans le cœur des braves. Puisse, madame, l'immense héritage de sa célébrité apporter quelque adoucissement à votre douleur, à celle de vos chers enfants ! Pour moi qui eus l'honneur d'être son ami, son camarade, j'en trouve un bien réel dans la pensée qu'il ne pouvait nous être enlevé d'une manière plus glorieuse ni plus digne de lui. »

Voici également en quels termes émus le général Rapp annonçait, le jour même, au résident et consul général de France à Dantzig, la fin glorieuse du maréchal Lannes :

« Au quartier impérial à Ebersdorf, le 31 mai.

« Mon cher résident,

« J'ai malheureusement la plus triste nouvelle du monde à vous annoncer, c'est la mort de notre pauvre Lannes; elle a eu lieu ce matin à cinq heures. Hier à huit heures, il a envoyé un de ses aides de camp à Sa Majesté pour lui dire qu'il désirait encore la voir ainsi que moi ; nous y avons été ensemble tous deux à pied. Il nous a reconnus parfaitement bien. En sortant, l'empereur m'a envoyé chercher à Vienne le célèbre docteur Frank; je l'ai amené à une heure après minuit. A peine a-t-il vu notre malheureux malade qu'il l'a condamné; j'ai resté (*sic*) avec lui jusqu'à trois heures du matin. Je l'ai quitté l'âme déchirée; il est mort à cinq heures, au moment où Sa Majesté venait encore le voir. Je perds en lui un de mes meilleurs amis, et l'empereur le meilleur soldat de l'armée.

« Je vous embrasse,

« RAPP. »

Talma, le grand tragédien, écrivait de son côté cette belle lettre à M. de Guéhéneuc, beau-père de Lannes :

« Lyon, le 12 juin 1809.

« Je ne puis m'empêcher, mon cher monsieur Guéhéneuc, de vous importuner d'une lettre et de mêler **mes regrets** aux vôtres sur le malheur que vous et votre famille viennent d'éprouver. Ce ne sont point des consolations qu'il faut donner en des moments pareils. Rien ne peut dissimuler la grandeur de telles pertes. Lorsque cette malheureuse nouvelle m'est parvenue, j'ai été saisi d'une émotion aussi douloureuse que si c'eût été mon frère, et s'il est quelque chose peut-être qui puisse mêler quelque adoucissement à la douleur de votre famille, ce sont les sincères et profonds **regrets** que la France entière porte à celui qui eût mérité le plus de jouir un jour en paix du fruit de tant de travaux et de tant de gloire.

« Veuillez bien recevoir, mon cher monsieur Guéhéneuc, l'assurance de l'attachement sincère que je vous ai voué et que je suis, plus que jamais en ce moment,

« Votre tout dévoué,

« TALMA. »

Des honneurs extraordinaires furent rendus au maréchal duc de Montebello.

Les cérémonies commencèrent à Strasbourg, le jour de l'anniversaire de la bataille d'Essling (22 mai); l'air retentissait du bruit du canon, des musiques funèbres et des cloches des églises. Dans toutes les villes traversées par le convoi funèbre, jusqu'à Paris, où le cortège arriva le 2 juillet, se produisirent des manifestations qui rappelaient le voyage du cercueil du grand Turenne [1].

« Dans tous les départements que j'ai traversés en transportant le corps de Son Excellence, écrivait le colonel Dupuis Florent, chargé de la direction du convoi, j'ai été à même de juger jusqu'à quel point se portaient les regrets et l'admiration du peuple pour le héros qui en était l'objet. Partout, les magistrats, les militaires, le peuple, jetaient des fleurs, et toujours aussi les larmes s'y mêlaient. Chacun à l'envi me demandait l'honneur de veiller près de lui; chacun y

[1] M. Albert Vandal, de l'Académie française, disait, le 26 juin 1898, dans son discours à la Société de protection des Alsaciens-Lorrains, en parlant de l'âme de l'Alsace et des liens plus puissants que la force qui la faisaient rester fidèle à la France : « Voilà tous ceux dont les exploits ont annexé votre âme à la nôtre. Si elle est restée, c'est que vous avez participé à nos prospérités, tressailli à nos dangers, partagé nos deuils! C'est que vous avez été la première à saluer le cercueil de Turenne et le cercueil de Lannes, lorsqu'ils revinrent de la terre étrangère, pour recevoir chez nous les honneurs du triomphe. »

regrettait un héros et un père et voulait coopérer à rendre plus solennel encore le service divin qui se faisait en son honneur: »

Du dôme des Invalides, où il fut déposé provisoirement, on transporta le corps de l'illustre maréchal en grande pompe au Panthéon, où il fut enterré.

Le catafalque imposant était surmonté du buste du maréchal, le front ceint d'une couronne de lauriers; aux quatre angles s'élevaient les statues de la Force, de la Justice, de la Tempérance, de la Prudence (vertus chrétiennes et guerrières, dit le procès-verbal), au-dessous desquelles se tenaient les maréchaux Moncey, Davout, Sérurier et Bessières[1], qui tenaient les quatre coins du poêle. Près d'eux se tenaient, le sabre en main, quatre invalides blessés dans les batailles où Lannes avait commandé en chef.

On lisait dans l'église tendue de noir de nombreuses inscriptions.

Nous en citerons les principales, extraites de la *Description officielle des honneurs funèbres rendus, par ordre de Sa Majesté impériale et royale, au duc de Montebello, maréchal de l'Empire, dans l'église des Invalides, le 6 juillet 1810, anniversaire de la bataille de Wagram :*

NAPOLÉON A LA MÉMOIRE DU DUC DE MONTEBELLO,
NÉ LE 11 AVRIL 1769, A LECTOURE, DÉPARTEMENT DU GERS,
MORT GLORIEUSEMENT AUX CHAMPS D'ESSLING, LE 22 MAI 1809.

IL SERA LE MODÈLE ET L'ESPOIR DU GUERRIER.

HONORER LES HÉROS, C'EST LES MULTIPLIER.

A MARENGO, IL REÇOIT DE NAPOLÉON UN SABRE D'HONNEUR.

[1] Celui-ci avait réclamé cet honneur.

LE SUCCÈS DE L'AFFAIRE DE FOMBIO FUT DU A SON COURAGE.

IL PASSA UN DES PREMIERS LE PONT DE LODI.

IL MEURT DIGNE DES REGRETS DE PLUSIEURS NATIONS.

Au-dessus des vingt arcades du temple, on lisait aussi des passages tirés du premier livre des Machabées. La face principale du catafalque portait ces mots :

BLESSÉ A MORT A LA BATAILLE D'ESSLING.

REGRETS DE NAPOLÉON :

« IL FALLAIT QUE, DANS CETTE JOURNÉE, MON CŒUR FUT FRAPPÉ
PAR UN COUP AUSSI SENSIBLE, POUR QUE JE PUSSE
M'ABANDONNER A D'AUTRES SOINS QU'A CEUX DE MON ARMÉE. »

Et à la face en retour :

NAPOLÉON L'A FAIT DUC DE MONTEBELLO EN RÉCOMPENSE
DE SES SERVICES LE JOUR DE LA BATAILLE DE CE NOM.

Le maréchal Davout, duc d'Auerstædt, prince d'Eckmühl, prononça devant le cercueil de son frère d'armes l'allocution suivante :

« C'est en combattant pour la gloire de notre souverain et pour notre patrie que le général, dont nous déposons ici les restes, a reçu la mort. La vie du maréchal duc de Montebello a été courte; mais elle a été remplie d'actions glorieuses. Son courage de tous les jours lui avait mérité le surnom de *brave des braves*. Militaires de toutes les armées qui représentez ici l'armée française, le plus bel éloge qu'on puisse faire de celui qui n'est plus, c'est de le prendre pour modèle. Nous suivrons les exemples que nous a laissés ce héros. »

Le vainqueur de Zurich, maréchal Masséna, prince d'Essling, duc de Rivoli, ajouta que son illustre compagnon d'armes n'aurait pu être enlevé à la France, à l'armée, à sa famille, d'une manière plus glorieuse et plus digne de lui [1].

Masséna était surnommé « l'enfant chéri de la victoire »; Lannes, qui fut toujours victorieux, n'avait-il pas autant de droit à ce surnom glorieux?

En 1811, l'empereur, par décret, nomma quai de Montebello le quai compris, à Paris, entre le pont Saint-Michel et le quai des Tournelles ; nom qu'il porte encore aujourd'hui.

Voici ce que disait Napoléon, dans ses Mémoires dictés à Sainte-Hélène, de ce héros des temps modernes, de ce nouveau Bayard :

« ... Le duc de Montebello se fit remarquer dans les campagnes de 1796 en Italie et se couvrit de gloire en Égypte, à Montebello, à Marengo, à Austerlitz, à Iéna, à Pultusk, à Friedland, à Tudela, à Saragosse, à Eckmühl, à Essling où il trouva une mort glorieuse. Il était sage, prudent, audacieux devant l'ennemi, d'un sang-froid imperturbable...

« ... Il était supérieur à tous les généraux de l'armée française sur un champ de bataille...

« ... Lannes était un homme d'une bravoure extraordinaire. Calme au milieu du feu, il possédait un coup d'œil sûr et pénétrant. Il avait une grande expérience de la guerre. Il s'était trouvé dans cinquante combats isolés et à cent batailles plus ou moins importantes. Comme général, il était infiniment au-dessus de Moreau et de Soult. »

[1] Voir Annexe n° 30. Discours prononcé par M. le chanoine Amavon au nom du chapitre métropolitain, page 230.

Napoléon disait encore qu'il n'avait jamais rencontré d'officiers plus capables que Lannes et Desaix de comprendre ses pensées et de les mieux exécuter.

« ... Ce qu'il fallait faire, Lannes le voyait immédiatement et l'exécutait sans retard. »

Homme privé, le maréchal Lannes était bienveillant, affectueux, généreux. Il chérissait sa famille. Il était aimé de ses soldats et de ses compatriotes qu'il s'était plu à combler de bienfaits.

Il disait à son médecin, quelques jours avant sa mort :

« N'est-ce pas que j'ai de jolis enfants? Ce petit Napoléon (son fils aîné alors âgé de neuf ans) est plein d'intelligence. »

Il n'était jaloux que dans ses affections [1].

Ce grand homme a trois principales statues :

L'une au Louvre, à côté de celles de Masséna, de Desaix, de Kléber; l'autre à Versailles, entourée des statues de Du Guesclin, de Turenne, de Condé, de Bayard et de Masséna; la troisième, une des plus belles œuvres du sculpteur Corot, s'élève au milieu de Lectoure, sa ville natale.

---

[1] Le maréchal Lannes avait la repartie facile. A un jeune hobereau, de nom obscur, qui malicieusement se vantait devant lui de l'ancienneté de ses ancêtres, il répondit gaiement :

« Savez-vous quelle est la différence entre certains gentilshommes campagnards et les maréchaux d'Empire?

— !...

— La voici : ces hobereaux cherchent leurs nobles ancêtres dans la nuit des temps; les maréchaux d'Empire n'ont pas à se donner cette peine, étant ancêtres eux-mêmes. »

Sire,

Sa Majesté l'Empereur Alexandre vient de
m'envoyer le Grand Cordon de l'ordre de St. André

Je pense que c'est à Votre Majesté Impériale
que je dois cet honneur, et je demande à
Votre Majesté la permission de le
porter.

Je suis avec le plus profond respect
et plus parfait dévouement.

Lannes

Erfurth, le 1er Octobre 1808.

APPENDICE

LES DESCENDANTS DE LANNES

Mme la maréchale Lannes resta jusqu'à la fin de l'Empire fort en faveur auprès de Napoléon, dont le choix s'arrêta sur elle lorsqu'il s'agit de désigner la dame d'honneur de l'archiduchesse Marie-Louise, impératrice des Français. Celle-ci, malgré son inconstance, conçut pour la duchesse de Montebello une amitié qui dura jusqu'à la fin de sa vie.

La veuve du maréchal Lannes fut toujours fidèle à la mémoire de son mari; ayant été demandée en mariage par le roi d'Espagne, Ferdinand VII, elle lui répondit fièrement qu'elle se devait au glorieux nom qu'elle portait.

Elle mourut en 1856[1], à Paris, dans son grand et bel hôtel de la rue de Varenne, 73, où logeaient à la fois presque tous les membres de sa nombreuse famille, savoir: sa sœur, veuve de l'illustre général baron Kirgener de Planta, tué héroïquement à la bataille de Bautzen et dont le petit-fils est aujourd'hui général de cavalerie; sa belle-sœur, veuve du général de division, comte de Guéhéneuc, ancien aide de camp de Lannes et de Napoléon; ses quatre fils et leurs femmes avec ses dix-neuf petits-enfants et plusieurs neveux. Enfin, la maréchale donnait aussi l'hospitalité aux deux généraux de Négrier (père et oncle du général de Négrier actuel) qui, orphelins, lui avaient été confiés en bas âge et qu'elle aimait comme ses enfants.

Le maréchal avait laissé quatre fils et une fille :

1° Napoléon Lannes duc de Montebello, duc et prince de Siévers, pair de France héréditaire dès 1815, ministre des affaires étrangères et de la marine, ambassadeur, député de la Marne, sénateur, grand cordon de la Légion d'honneur, de Saint-André de Russie, etc., né en 1800, décédé en 1874, marié en

---

[1] Voir Annexe n° 31, page 233.

9*

1830 à une Anglaise, lady Jenkinson, fille de sir Charles Jenkinson (des comtes de Liverpool) et de lady Campbel (des ducs d'Argyl), décédée ambassadrice de France à Saint-Pétersbourg en 1864, dont cinq fils et deux filles : 1º Napoléon Camille, qui servit avec distinction comme officier de marine, chevalier de la Légion d'honneur, décédé en 1876; avait épousé Mlle Daguilhon (remariée à M. de Juge), dont un fils décédé élève de Saint-Cyr en 1899; 2º Charles, actuellement duc de Montebello et de Siévers, ancien lieutenant-colonel, officier de la Légion d'honneur [1], marié à Thérèse O'Tard de la Grange, dont un fils : Maurice, marquis de Montebello et prince de Siévers; 3º Gustave, marquis de Montebello, ambassadeur, grand croix de la Légion d'honneur, marié à Magdeleine Guillemin, dont un fils, officier de cavalerie. En 1871, a quitté, avec congé, l'ambassade de Saint-Pétersbourg, pour prendre du service comme capitaine auxiliaire à l'armée de la Loire, où il fut nommé officier de la Légion d'honneur. Comme ambassadeur de France à Saint-Pétersbourg, a habilement contribué à l'alliance franco-russe; 4º Fernand-Alfred comte de Montebello, marié à Élisabeth de Mieulle, dont un fils et une fille; 5º Comte Adrien, député de la Marne, chevalier de la Légion d'honneur; 6º Mme de Saint-James (trois fils et une fille); 7º Comtesse Werlé (un fils et quatre filles).

2º Alfred, marquis Lannes de Montebello, fondateur de la maison de vin de Champagne Montebello, chevalier de la Légion d'honneur, décédé en 1862, marié à la comtesse de Roydeville, née Casimir Périer, décédée en 1877, dont un fils décédé en 1898.

3º Ernest, comte Lannes de Montebello, chevalier de la Légion d'honneur, décédé en 1884; marié à une Anglaise, miss Mary Bodington, dont trois fils et trois filles (comte Gaston, ancien chef d'escadron d'artillerie, chevalier de la Légion d'honneur; comte René, ancien capitaine, démissionnaire, marié à la princesse Lubomirska dont deux fils et trois filles; Roger, capi-

----

[1] Sorti de Saint-Cyr en 1856, sous-lieutenant de chasseurs à pied (en Algérie); lieutenant en 1859 (Italie); capitaine en 1863; passé aux tirailleurs algériens en 1864 (Algérie); chevalier de la Légion d'honneur en 1869; officier de la Légion d'honneur en 1871 avec cette mention à l'*Officiel* : « A pris part à tous les combats qui se sont livrés sous les murs de Paris; » démissionnaire après la guerre, quatorze campagnes; lieutenant-colonel commandant le 41e d'infanterie territoriale de 1875 à 1880, décoré en 1861 de l'ordre de Saint-Waldimir avec les glaives, pour actions d'éclat dans la guerre du Caucase. Auteur de cette biographie.

taine, décédé; Éveline; décédée; Mme Guillemin, décédée;
Mme O'Shea.)

4° Gustave, comte Lannes de Montebello, général de division,
aide de camp de l'empereur Napoléon III, grand croix de la
Légion d'honneur, sénateur, décédé en 1875; marié à Adrienne
de Villeneuve-Bargemon, dame du palais de l'impératrice, décédée, dont un fils Jean marié à Albertine de Briey (deux filles).

5° Joséphine, mariée au baron de Monville, pair de France
(tous deux décédés), dont une fille, la marquise de Laroche-
Aymon.

Le nom de Montebello, comme on le voit, n'est pas près de
s'éteindre. Douze petits-fils et arrière-petits-fils du maréchal
portent aujourd'hui cet illustre nom, toujours honorablement
soutenu.

Pendant la dernière guerre (1870-1871), notre armée avait
sous les drapeaux *dix* Montebello; c'est-à-dire, tous ceux des
membres de cette famille alors en état de servir.

ANNEXE No 1

Au quartier général de Vérone, le 29 brumaire an V.

BONAPARTE, *général en chef de l'armée d'Italie, au citoyen* CARNOT, *membre du Directoire exécutif.*

... Jamais champ de bataille n'a été aussi disputé que celui d'Arcole. Je n'ai presque plus de généraux. Leur dévouement et leur courage sont sans exemple.

Le général de brigade Lannes est venu au champ de bataille, n'étant pas encore guéri de la blessure qu'il a reçue à Governolo. Il fut blessé deux fois pendant la première journée de la bataille, il était à trois heures après-midi étendu sur son lit et souffrant lorsqu'il apprend que je me porte moi-même à la tête de la colonne. Il se jette à bas de son lit, monte à cheval et revient me trouver ; comme il ne pouvait pas être à pied, il fut obligé de rester à cheval ; il reçut à la tête du pont d'Arcole un coup qui l'étendit sans connaissance. Je vous assure qu'il fallait tout cela pour vaincre ; les ennemis étaient nombreux et acharnés, les généraux à la tête, nous en avons tué plusieurs...

ANNEXE No 2

Paris, le 13 germinal an VI.

Préparatifs secrets pour l'expédition d'Égypte.

Vous trouverez ci-joint, citoyen général, des lettres pour le payeur de la division qui vient de Suisse, pour le payeur de Lyon et de deux autres départements.

Vous ferez solder à Lyon la solde des troupes jusqu'au 30 de ce mois ; si la division n'avait pas de payeur, vous chargeriez un des quartiers-maîtres d'en faire les fonctions et de recevoir l'argent que la Trésorerie donne ordre de remettre entre ses mains pour subvenir aux dépenses ultérieures du prêt.

Quand je dis faire solder, j'entends que ce soit dans la caisse du quartier-maître ; mais vous aurez soin que cela ne soit distribué aux soldats qu'à leur arrivée à Toulon.

Ayez soin, en m'envoyant l'état de situation de chaque corps, de m'instruire du jour jusqu'auquel les soldats ont été payés, ainsi que de la quantité d'effets que vous avez fait distribuer à chaque corps et ce qui pourrait leur manquer encore.

Ayez soin surtout de bien compléter l'armement. Voyez le commandant de l'artillerie à Lyon, pour vous informer quand est-ce que partiront les différents objets que le général Dommartin doit lui avoir demandés, et pressez-le le plus vite que vous pourrez. Voyez les salles d'armes. Faites partir le plus tôt possible dix ou douze mille bons fusils avec autant de sabres et deux cents selles de hussards et même de dragons.

Il faut que tous ces différents objets soient rendus à Avignon le 28 de ce mois. Vous préviendrez le général Dommartin de tout ce qui partira, afin qu'il prenne les mesures pour que d'Avignon le tout se rende à Lyon.

Instruisez-moi de tout dans le plus grand détail. Envoyez l'adjudant général Lagrange à Grenoble, pour connaître également le jour auquel les différents objets que le général Dommartin a dû demander seront arrivés à Avignon, et pressez le départ du tout.

Je vous salue,

Mon ami,

BONAPARTE [1].

Au général Lasnes (*sic*), à Lyon.

ANNEXE N° 3

A Aoste, 28 floréal an VIII de la République française.

ALEXANDRE BERTHIER, *général en chef de l'armée de réserve, au général Lannes.*

Le premier consul, mon cher Lannes, est au pied du Saint-

[1] Autographe.

Bernard. Il attend la nouvelle de la prise du château de Bard pour passer les Alpes. Il faut que demain de très bonne heure vous soyez maître des hauteurs qui dominent ce château.

Je fais partir cette nuit quatre pièces d'artillerie, ce qui fera six avec les deux que vous avez déjà, il faut absolument que demain au soir nous entrions dans le château.

Quant à tout ce qui n'est que position, culbutez-le avec la baïonnette, et commencez votre mouvement demain avant le jour.

Amitiés,

ALEXANDRE BERTHIER.

ANNEXE N° 4

Au quartier général d'Ivrée, le 3 prairial an VIII de la République française.

LE GÉNÉRAL LANNES, *commandant l'avant-garde de l'armée française, aux habitants du Piémont.*

Piémontais,

Quand nous arrivons pour vous arracher au joug qui vous humilie et vous écrase, les émissaires de vos oppresseurs s'arment contre nous des poignards de la calomnie. Mais elles seront impuissantes les attaques des fauteurs de vos tyrans. Le premier consul de la République, Bonaparte, marche à la tête des Français. Ses vertus, son courage, l'élévation de son caractère, tout, quand l'Europe le contemple, vous présage des projets dignes de sa gloire et vous garantit des bienfaits.

D'ailleurs, rapprochez les Français de vos oppresseurs. Voyez-nous ramenant dans les belles campagnes qui les virent naître, dans les bras de leur amis, de leurs enfants et de leurs épouses, dix mille de vos concitoyens formés en légions. Ils furent, vous le savez, persécutés, bannis; et ils le furent parce qu'il eurent de l'honneur et du courage. Ah! ce n'est pas nous qui punissons le désir d'une noble indépendance! Ce n'est pas nous qui entassons les hommes généreux dans les cachots infects du crime!

Relevez donc, Piémontais, relevez, au bruit de nos armes, vos fronts humiliés! Brisez les fers qui pèsent si cruellement sur votre patrie. Ralliez-vous à vos compatriotes arrachés par des barbares aux affections les plus douces, les plus respectables de la nature. Marchez à côté des Français qui au nombre de cent mille hommes viennent vous venger. Vos cités, vos campagnes où les traces hideuses de la misère sont partout empreintes, vont jouir, protégées par un peuple ami, de la paix et de l'abondance. Vous êtes maintenant en proie à tous les maux ; mais si, dignes de vous-mêmes, vous répondez au signal que nous donnons à l'Italie, bientôt votre indépendance sera reconquise, votre dignité et votre bien-être assurés.

Imposez silence à ces hommes aussi dangereux qu'ils sont lâches, à ces hommes qui, rappelant sans cesse des erreurs inséparables d'une grande agitation politique, osent proclamer en tous lieux que c'est votre culte qu'on veut attaquer. Non, Piémontais, non, ce n'est pas à des opinions consacrées par des siècles, à des opinions qui vous sont si chères que les Français porteront atteinte. Je donne au contraire, au nom du premier consul de la République, l'assurance de les protéger. Vous savez si Bonaparte manque aux promesses qu'il a jurées.

Piémontais, la gloire vous appelle. L'Europe va juger jusques à quel point vous méritez de compter parmi les peuples faits pour honorer la terre.

ANNEXE N° 5

Bologne, le 18 thermidor an VIII.

ARMÉE D'ITALIE
8ᵉ division.

ROGER-VALHUBERT, *chef de la 28ᵉ demi-brigade d'infanterie de ligne au lieutenant-général* LANNES, *commandant la garde des consuls.*

Mon général,

A la réception de votre lettre du 6 messidor dernier, relative aux fonds que vous avez bien voulu avancer à ma demi-brigade, j'ai redoublé de soins et de démarches ; j'ai même envoyé un officier à Milan avec des instructions et des pouvoirs suffisants pour solliciter et recevoir le paiement de nos huit mois de solde arriérés. Il est de retour sans avoir rien pu obtenir. J'en suis extrêmement fâché. Dès que l'on aura fait droit à nos justes demandes, je m'empresserai, mon général, de vous en instruire, et sur-le-champ vos fonds vous seront envoyés à Paris.

Permettez, mon général, que je vous adresse une lettre pour le premier consul. Elle lui rappellera la promesse qu'il a faite à mon corps de le faire payer de tout ce qui lui est dû.

Je vous salue très respectueusement,

ROGER-VALHUBERT.

ANNEXE N° 6

ARMÉE D'ITALIE 8e division.

Bologne, le 18 thermidor an VIII.

ROGER-VALHUBERT, *chef de la* 28e *demi-brigade d'infanterie de ligne, à* BONAPARTE, *premier consul.*

Général consul,

A Chivasso, vous fîtes deux promesses à ma demi-brigade : le général Lannes en la mettant à la tête de l'avant-garde a rempli l'une.

Le payeur, en ne la soldant pas de huit mois d'arriéré, manque à l'autre.

Salut et respect,

ROGER-VALHUBERT.

ANNEXE N° 7

Lisbonne, le 13 frimaire an XII.

Le général LANNES, *ministre plénipotentiaire, envoyé extra-ordinaire de la République française en Portugal, au premier consul.*

Citoyen premier consul,

Permettez-moi d'appeler toute votre attention sur la copie ci-jointe d'une lettre que je viens d'adresser par extraordinaire au ministre des relations extérieures.

Les faits qu'elle contient sont d'une telle importance que je désire vivement que tous les détails vous en soient parfaitement connus.

J'ose dire que mes vœux personnels sont, dans cette circonstance, entièrement d'accord avec la gloire et les intérêts de votre gouvernement.

Je profite de cette circonstance pour rappeler à votre souvenir la demande que j'ai eu l'honneur de vous faire il y a quelque temps, par la poste, de la place de colonel-général des Suisses.

Tout le prix que j'y attache tient principalement à l'espoir que cet emploi honorable me rapprocherait de vous, et me mettrait à même de vous donner de plus près des preuves de mon constant et inviolable dévouement.

J'ai l'honneur de vous saluer avec respect,

LANNES.

ANNÉXE N° 8

Lisbonne, le 13 frimaire an XII.

Le général LANNES, *ministre plénipotentiaire, envoyé extraordinaire de la République française en Portugal, au ministre des relations extérieures.*

Citoyen ministre,

Quoique mes dépêches n°s 40, 41 et 42 vous aient déjà présenté un résumé assez exact de ma mission à Lisbonne et un tableau fidèle de ma position actuelle, je suis bien aise d'y ajouter quelques détails nouveaux. Je viendrai ensuite au récit des faits qui doivent démontrer jusqu'à quel point tous les intérêts de la France ont été sacrifiés et compromis en Portugal. Il ne m'est que trop facile de prouver que ce triste résultat est l'effet d'un plan suivi avec opiniâtreté depuis que le premier consul m'a chargé de la mission que je remplis aujourd'hui.

Quelque nécessaire que fût l'énergie que je n'ai cessé de déployer, jamais je ne me suis dissimulé la nature des rapports que la politique d'une puissance forte et généreuse devait établir entre elle et un État faible.

Aussi, lorsque je harcelais à la fois le prince régent et son ministère, ce n'était pas au Portugal que je prétendais m'attaquer, mais à l'Angleterre, qui était ici la seule puissance visible, qui tenait tous les ressorts de ce gouvernement, qui en dirigeait toutes les démarches, et jusqu'aux pensées.

Dès l'instant qu'un pacte de famille a réuni les deux branches de la maison qui régnaient en France et en Espagne, notre influence en Portugal a commencé à péricliter. C'était la suite naturelle de la haine du Portugais contre les Espagnols qui devenaient alors les alliés de la France.

La faiblesse de la monarchie, et peut-être l'impéritie et la nullité des agents qu'elle a envoyés en Portugal, n'ont pas su calmer les inquiétudes que donnait la nouvelle alliance, et l'Angleterre a jeté dès lors les bases de la toute-puissance qu'elle exerce aujourd'hui.

Lorsque le traité de Cromwell a été signé en 1703, l'Europe ne connaissait pour ainsi dire que de nom l'importance des colonies portugaises; le commerce du Brésil n'avait pris encore aucun accroissement; mais le cabinet de Saint-James attentif à prévoir tout ce qui peut, même dans un avenir éloigné, offrir de nouveaux débouchés à ses spéculations, commençait par asseoir à Lisbonne, au centre même du gouvernement portugais, son influence et son crédit; c'est ensuite des négociants de Londres que ceux de Lisbonne ont appris le secret de leurs richesses coloniales et les moyens de les faire valoir.

Jamais la France n'a su faire d'efforts capables de contrarier ou de contre-balancer les vues de l'Angleterre, et on juge combien les événements de notre révolution ont donné d'avantages à cette dernière puissance.

Il importait à l'Angleterre d'entraîner le Portugal à prendre une part active dans une guerre qui ruinait son gouvernement et qui lui enlevait, en perdant ses finances et en compromettant sa chétive population, les moyens d'encourager l'agriculture, de favoriser ses fabriques et de se soustraire, autant que possible, à la nécessité de ne vivre que de secours étrangers, avec un sol qui peut tout produire.

Enfin, lorsque je suis arrivé à Lisbonne, j'y ai trouvé une armée anglaise, un ministère choisi et appelé par l'Angleterre, des généraux anglais commandant les troupes portugaises, des marins anglais commandant les vaisseaux portugais, la factorerie française déportée, dispersée et désorganisée; la factorerie anglaise en possession de tous les ateliers, de tous les magasins, de toutes les fabriques.

Alors j'ai dû me dire, et je me suis dit que l'Angleterre avait exécuté le plan, médité et suivi depuis longtemps, de faire du Portugal une de ses provinces ; j'ai senti que c'était bien moins avec le cabinet de Lisbonne qu'avec celui de Londres que j'avais à combattre, et voilà le secret de la fermeté que j'ai déployée, et sans laquelle j'aurais trahi tous mes devoirs.

Lorsque le passé et le présent offrent une série de faits aussi incontestables et qui vous sont aussi bien connus qu'à moi, par quelle fatalité se fait-il que votre correspondance m'ait donné sans cesse une direction contraire à l'évidence? Lorsque je vous parlais de la faiblesse du prince régent et de la perfidie de ses ministres, vous m'entreteniez de leur bonne foi et de leur discernement.

Lorsque je vous annonçais l'emprisonnement des Français, la spoliation de leurs propriétés, l'assassinat de mon aide de camp, lorsque j'ajoutais que des pères de famille avaient été jetés sur les côtes d'Afrique, qu'une fille âgée de neuf ans était restée cinq ans dans les cachots, vous me recommandiez d'étouffer tous ces griefs ; aussi devais-je m'attendre qu'on finirait par attenter contre moi-même, et c'était sans doute le moyen le plus expéditif pour étouffer complètement toutes mes réclamations.

Lorsque je vous disais que les corsaires anglais entraient dans les ports, que le prince régent recrutait son armée, équipait ses vaisseaux, se liguait avec les troupes de Madrid et de Londres, vous me répondiez de rester en observation et que je n'avais aucune demande à faire.

Enfin, lorsque l'armée française était à la veille d'entrer sur le territoire espagnol, lorsque vous m'écriviez d'exiger la fermeture des ports, vous me mettiez dans le cas de compromettre à la fois la France et le Portugal, puisqu'il s'est négocié ensuite un traité de neutralité sans que vous m'en ayez donné la moindre connaissance.

Au surplus, ma dépêche n° 40 ayant été plus particulièrement destinée à faire ressortir les observations que j'avais à vous transmettre sur votre correspondance, je me bornerai maintenant à répéter ce que j'ai eu l'honneur de vous mander dans ma lettre postérieure n° 42 :

« Depuis que la cour de Lisbonne a été informée des négociations qui ont eu lieu entre la République et l'Espagne, elle n'a cessé de me solliciter pour conclure avec moi un traité particulier dégagé de toute influence intermédiaire.

« Les bruits les plus accrédités parlaient d'un subside de douze millions ; les papiers anglais le publiaient depuis longtemps, et les nouvelles de Madrid , parties de chez le général Brenonville lui-même, le confirmaient.

« Après tout ce que je vous ai mandé des avantages que nous pouvions tirer des dispositions actuelles du prince régent, il m'a été impossible d'ajouter foi à ces rumeurs, et votre silence m'y autorisait assez.

« M. de Balsamado m'a invité, par différents billets dont j'ai l'honneur de vous transmettre copie, à me rendre à Mafra pour conclure un arrangement dont j'avais déjà consenti à arrêter les bases dans diverses conférences que j'avais eues avec lui.

« Dépourvu d'instructions que j'ai sollicitées cent fois, je n'ai pas voulu cependant laisser échapper une occasion aussi sûre, aussi brillante, d'assurer à la République d'énormes compensations de la neutralité du Portugal, et voici quels ont été les principaux articles de l'arrangement tant désiré par le prince et auquel il m'était impossible de ne pas adhérer :

« 1° Payer vingt-cinq millions dont douze dans les six mois, avec la facilité d'offrir en partie des denrées ou marchandises; les treize autres de mois en mois;

« 2° Accorder l'introduction des soieries, dentelles, toiles, batistes, bijouteries, vins, eaux-de-vie, et autres articles prohibés ;

« 3° Modérer les droits sur les objets qui s'introduisent;

« 4° Terminer, par un mode général, toutes les réclamations particulières;

« 5° Rendre les privilèges des Français communs aux républiques italienne et helvétique;

« 6° Consentir l'établissement de paquebots français ;

« 7° Fermer les ports aux corsaires, empêcher qu'ils n'y vendent leurs prises, et n'admettre que quatre bâtiments de guerre à la fois sous chaque pavillon des puissances belligérantes;

« 8° Congédier tous les officiers supérieurs étrangers de terre ou de mer.

« Enfin, par les articles 9 et 10, je promets la réciprocité pour la diminution des droits sur les sucres et cotons du Brésil et la médiation du premier consul auprès du dey d'Alger.

« Je pars demain pour Mafra, et comme je suis d'accord avec M. Pinto, il ne manque plus que la signature du prince. Je vous adresserai à mon retour un courrier qui vous portera le traité que je ne souscrirai d'ailleurs que sauf la ratification du premier consul. »

Je me suis en effet rendu à Mafra, mais quelle a été ma surprise, lorsque le prince et son ministre, au lieu de signer la convention arrêtée entre nous et qu'ils avaient sollicitée avec tant d'ardeur, m'ont fait voir une lettre qu'ils venaient de recevoir à l'instant de M. de Souza et qui leur annonçait que tous les sacrifices exigés du Portugal se bornaient à un subside de douze millions.

Je vous l'avoue, citoyen ministre, j'avais de la peine à en croire mes oreilles et mes yeux; et j'étais prêt à insister malgré cette nouvelle sur mes propositions, lorsqu'au bout de quelques heures j'ai reçu moi-même votre dépêche du 19 brumaire à laquelle se trouvait joint l'article 7 du traité conclu avec l'Espagne.

Que d'avantages perdus, en un instant, pour la République!...

Puisqu'on voulait se borner à un subside de douze millions, il convenait beaucoup mieux de se montrer tout à fait généreux et de renoncer à cette chétive imposition pour assurer à notre commerce des droits dont votre gouvernement aurait partagé tous les bénéfices et qui auraient autant ajouté à la confiance et au crédit qu'on lui doit qu'ils auraient nui aux intérêts de nos ennemis. Pour se convaincre de cette vérité, il suffit de savoir que la balance du commerce entre la France et le Portugal, pour les six premiers mois de cette année, offre une exportation de six millions du Portugal pour nos ports et un retour de quarante-deux mille francs de nos ports pour le Portugal.

On est presque honteux d'avoir à présenter de pareils résultats, surtout lorsqu'on voit échapper la plus belle occasion d'établir un équilibre que rien ensuite n'aurait pu détruire.

Maintenant du moins je n'aurai plus le droit de m'étonner du soin qu'on a mis à me cacher la marche des négociations dans laquelle on suivait un système si contraire aux opinions que je ne cessais d'énoncer, et si funeste aux véritables intérêts de mon pays...

LANNES.

ANNEXE N° 9

Lisbonne, 28 frimaire an XII.

... Le traité de neutralité a été enfin signé aujourd'hui, mais pas sans beaucoup d'obstacles; notre ministre des relations n'avait rien ménagé pour me faire échouer au détriment même de la République.

Heureusement, mon cher ami, que le prince a de l'attachement

Lannes
à son beau-
père,
M. de Guéhé-
neuc.

pour moi et de la haine pour les Espagnols ; sans cela je n'aurais pas résisté à cette infernale intrigue.

Dans le traité que Talleyrand avait fait avec l'Espagne au sujet du Portugal, il n'était pas du tout question du commerce ; je vous envoie copie du mien, vous y verrez les grands avantages que j'ai obtenus...

LANNES.

ANNEXE N° 10

Paris, an XII, 25 brumaire.

Le général PERIGNON, *membre du Sénat conservateur, au général* LANNES, *ambassadeur de la République française à Lisbonne.*

J'ai reçu avec grand plaisir, mon cher général, votre lettre du 5 brumaire que votre beau-père a eu la bonté de m'envoyer. Je me suis réjoui comme Français et comme votre ami de vos succès à la cour de Portugal ; j'aime à voir fortifier les rapports d'alliance et d'amitié que j'ai formés avec l'Espagne ; ils me paraissent réciproquement utiles, et tout ce que vous avez fait, mon cher général, embarrasse les Anglais et étonne l'Europe.

A l'honneur extraordinaire que vous avez reçu du prince régent, j'ai reconnu que le parti français avait le dessus, malgré toutes les perfides manœuvres des Anglais.

Lorsqu'on a su que le prince et la princesse avaient tenu votre enfant sur les fonts baptismaux, c'est comme si l'on eût publié dans toute la France les bonnes intentions de la cour à notre égard...

PERIGNON.

ANNEXE N° 11

Saafeld, 10 octobre 1806.

A
l'empereur.

Je suis parti ce matin à cinq heures de Graffenthal avec mon corps d'armée pour me rendre à Saafeld, où j'ai trouvé un corps d'armée commandé par le prince Louis de Prusse qui a été tué par un hussard du 10e régiment. J'ai l'honneur de faire passer à Votre Majesté son crachat avec un ordre. Il paraît que l'armée qui était à ses ordres était composée de cinq régiments d'infanterie, dont deux prussiens et trois saxons, et de quatre régiments de hussards, dont deux prussiens et deux saxons.

Comme je pense que Votre Majesté doit être très inquiète, je me contenterai de lui dire en deux mots que nous avons culbuté l'ennemi dans la rivière, fait environ huit cents prisonniers, tué et noyé beaucoup de monde, pris trente-six pièces de canon qui dans ce moment sont réunies; il y a lieu de présumer qu'on en ramassera encore six autres; pris trente caissons et au moins quatre drapeaux. Il n'y a guère que quatre mille hommes qui aient donné de la division Suchet, la division Gazan était à deux heures de moi.

J'ai entendu une fusillade assez vive du côté du corps du centre, où était Votre Majesté; c'est ce qui m'a engagé à attaquer l'ennemi, présumant que mon mouvement opérerait bientôt une diversion favorable au centre.

Je ne dois pas laisser ignorer à Votre Majesté la belle charge qu'ont faite les 9e et 10e régiments de hussards. Ils sont restés au moins une demi-heure mêlés avec l'infanterie et les hussards ennemis.

Le champ de bataille fait horreur; parmi les prisonniers, il y un général prussien, trois ou quatre colonels, autant de lieutenants-colonels et environ trente officiers...

LANNES.

ANNEXE No 12

« Saafeld, le 11 octobre 1806.

A
l'empereur.

J'ai eu l'honneur de faire part hier à Votre Majesté de l'affaire de Saafeld, je lui disais que je ferais conduire à Crouach l'artillerie au nombre de trente à quarante pièces. Ce mouvement devient impossible; plusieurs pièces sont démontées, et je n'ai pas un seul cheval à ma disposition.

On a trouvé sur le champ de bataille beaucoup plus de morts et de noyés qu'on ne l'avait cru hier.

J'ai fait porter le corps du prince Louis-Ferdinand dans le château du duc de Cobourg à Saafeld, où on lui a rendu les honneurs dus à son rang.

LANNES.

ANNEXE Nᵒ 13

Au maréchal
de l'Empire
Lannes.

Mon cousin,

J'ai reçu avec grand plaisir la nouvelle de votre affaire du 10 courant. J'avais entendu la canonnade et j'avais envoyé une division pour vous soutenir. La mort du prince Louis de Prusse semble être une punition du Ciel, car c'est le véritable auteur de la guerre. Réitérez les ordres que vous avez déjà donnés pour que les canons pris sur les ennemis soient évacués sur Crouach et ne soient pas volés par les paysans, comme il arrive souvent. J'étais hier à Gera. Nous avons mis en déroute l'escorte des bagages de l'ennemi et pris cinq cents voitures ; la cavalerie est chargée d'or. Vous recevrez l'ordre du mouvement de la part du major général, toutes les lettres interceptées font voir que l'ennemi a perdu la tête. Ils tiennent conseil jour et nuit et ne savent quel parti prendre. Vous verrez que mon armée est réunie, que je leur barre le chemin de Dresde et de Berlin. L'art est aujourd'hui d'attaquer tout ce qu'on rencontre, afin de battre l'ennemi en détail et pendant qu'il se réunit. Quand je dis qu'il faut attaquer tout ce qu'on rencontre, je veux dire qu'il faut attaquer tout ce qui est en marche et non dans une position qui le rend trop supérieur. Les Prussiens avaient déjà lancé une colonne sur Francfort qu'ils ont bientôt repliée. Jusqu'à cette heure, ils montrent bien leur ignorance de l'art de la guerre. Ne manquez pas d'envoyer beaucoup de coureurs devant vous pour intercepter les malles, les voyageurs, et recueillir le plus de renseignements possibles.

Si l'ennemi fait un mouvement d'Erfurt sur Saafeld, ce qui serait absurde, mais dans sa position il faut s'attendre à toute espèce d'événements, vous vous réunirez au maréchal Augereau, et vous tomberez sur le flanc des Prussiens.

Sur ce, je prie Dieu, mon cousin, qu'il vous ait en sa sainte et digne garde.

De mon quartier général impérial et royal de Auma, le 12 octobre 1806, à quatre heures du matin.

NAPOLÉON.

ANNEXE N⁰ 14

Charlottenbourg, le 27 octobre 1806, à cinq heures et demie du matin.

A M. le maréchal LANNES,

... Quant aux vivres, votre corps d'armée a pris hier à Spandau douze mille rations de pain ; avec de la viande et des pommes de terre, on peut vivre pendant quelques jours, quand il s'agit d'arriver à d'aussi grands résultats. Tombez donc sur l'ennemi ; que vos troupes mangent le pain qu'il a fait faire, ce pain sera plus savoureux pour vos braves que ne le serait de la brioche. Dites d'ailleurs à vos soldats que quand ils auront pris le prince de Hohenlohe, l'empereur les fera relever aux avant-postes et leur fera passer sept à huit jours à Berlin pour se refaire et se reposer.

Le major général,
Maréchal BERTHIER.

ANNEXE N⁰ 15

Mon cousin,

J'ai reçu votre lettre, je vois avec plaisir l'activité que vous mettez dans vos mouvements. Poussez le prince d'Hohenlohe. Le maréchal Soult a la colonne du duc de Weimar entre l'Elbe et lui. J'espère qu'il ne pourra pas s'échapper avec ses dix ou douze mille hommes, et qu'ils tomberont dans les défilés de Soult. Dans des marches forcées, le parti qu'il faut prendre est de former tous les jours des traîneurs en arrière-garde de quatre cents hommes avec lesquels vous laisserez un bon officier d'état-major qui sera chargé de la faire rejoindre. Par ce moyen, on empêchera qu'il ne se commette des désordres, et que les soldats ne fatiguent pas trop.

Sur ce, je prie Dieu qu'il vous ait en sa sainte et digne garde.

A Berlin, le 28 octobre 1806, à midi.

NAPOLÉON.

Au maréchal de l'Empire Lannes.

10

ANNEXE N° 16

Prestlaw, le 29 octobre 1806.

A
l'empereur.

J'ai eu l'honneur d'écrire hier à Votre Majesté que la colonne du prince Hohenlohe s'était rendue. Elle est forte d'environ vingt mille hommes. On a trouvé cinquante trois pièces de canon avec leurs caissons.

Le prince Hohenlohe avait envoyé son chef d'état-major pour s'assurer si nous étions là; il a marqué le plus grand étonnement en me voyant, et il m'a dit que puisque mon corps d'armée était sur leurs flancs, qu'ils n'avaient autre chose à demander qu'une capitulation honteuse, mais qu'ils comptaient sur la générosité française...

LANNES.

ANNEXE N° 17

Au prince
de Neuchâtel
(maréchal
Berthier).

Il paraît, mon cher Berthier, que l'empereur se décide à aller en Pologne.

Je crains beaucoup que cette expédition ne tourne contre nous. D'après moi, il me paraît impossible de rétablir cette nation à moins d'une guerre extrêmement longue, et encore faut-il supposer que nous aurons du succès.

L'empereur est si grand, qu'il n'a plus, en faisant une belle paix, de chances contre lui; je vous dis tout ceci à vous seul, mon cher Berthier, et je suis sûr que vous pensez comme moi.

Je ne vous parlerais pas avec cette franchise, si je n'étais bien convaincu que l'empereur est bien persuadé que personne n'est plus attaché à sa gloire que moi, et que tout ce que je vous dis ici n'est autre chose que la crainte de quelques chances contre lui. Au surplus, quelles que soient ses intentions, il me trouvera toujours disposé à les exécuter avec un dévouement sans bornes.

Je vous prie, mon cher Berthier, de recevoir l'assurance de l'attachement de votre plus sincère ami,

LANNES.

ANNEXE N° 18

A
l'empereur.

Je suis arrivé hier avec mon corps d'armée devant *Pulstuck*, vers dix heures. J'ai trouvé l'ennemi sur la plaine devant cette ville, environ quatre à cinq mille hommes de cavalerie et quelques cosaques formaient l'avant-garde. La division du général Suchet s'est mise en bataille sur deux lignes, celle du général Gazan était également sur deux lignes en arrière. Dès que j'ai été formé j'ai fait attaquer cette avant-garde par le 17ᵉ d'infanterie légère et le ᵉ. Après quelques charges qui ont été reçues avec beaucoup de sang-froid, cette cavalerie s'est repliée sur le corps d'armée qui était en bataille, la droite appuyée au pont à l'extrémité de la ville, et la gauche à un autre pont à l'entrée de la ville. Le général Victor a reçu l'ordre d'attaquer le pont de gauche avec le 34ᵉ et un bataillon du ᵉ soutenu par la division Becker.

L'ennemi a fait porter en même temps environ huit mille hommes d'infanterie et trois régiments de cavalerie sur ma droite, cherchant à me déborder. J'ai fait marcher sur le pont de droite le restant du ᵉ et tout le ᵉ pour lui couper la retraite sur le pont, et j'ai fait attaquer en même temps ce corps par le 17ᵉ.

Après une fusillade des plus vives, l'ennemi a été culbuté et est revenu sur le pont dans le plus grand désordre. Si un bataillon du 88ᵉ qui a été chargé par la cavalerie n'eût pas plié, toute cette colonne était prisonnière de guerre.

La gauche a résisté à un feu d'environ quinze mille hommes. Sans une artillerie formidable qu'ils avaient à la tête du pont et qui nous arrêtait par sa mitraille quand nous avancions trop, tout était culbuté dans la rivière.

Le général Victor se loue beaucoup du 34ᵉ, qui a reçu les attaques d'infanterie et les charges de la cavalerie avec son sang-froid ordinaire.

L'ennemi, se voyant forcé à sa gauche sur les trois heures après-midi, a détaché une colonne de sa droite pour chercher à nous déborder sur notre droite, mais la présence de la division Gazan a suffi pour la faire rentrer dans la ligne. Nous nous sommes battus depuis dix heures du matin jusqu'à six heures du soir, dans la boue jusqu'à mi-cuisse ; il a fallu toute la force et tout le courage de nos soldats pour résister. Votre Majesté a vu la journée qu'il a fait ; le vent et la grêle renversaient nos soldats. Toute notre artillerie s'était embourbée et n'a presque pu nous servir.

Le général Boussard a été blessé, son cheval a été tué. Le colonel Barthélemi a eu son cheval tué. La division de dragons a eu vingt-deux hommes tués dont deux officiers et trente-quatre blessés dont deux officiers, quatre-vingt huit chevaux tués et vingt-deux blessés. Le général Treillard a eu son cheval tué, la cavalerie légère a également beaucoup souffert.

Le général Claparède a eu son cheval tué, un de ses aides de camp a été blessé et l'autre tué. Le général Vedel a été blessé, les deux chefs de bataillon du 100e ont été blessés en réserve. Je porte la perte du corps d'armée en tués ou blessés à mille hommes au moins.

L'ennemi a laissé sur le champ de bataille en tués ou blessés plus de trois mille hommes, quelques canons et beaucoup de caissons. Nous avons trouvé à Pulstuck de mille a douze cents blessés. Je puis assurer Votre Majesté que depuis que je fais la guerre je n'ai pas vu de combat aussi acharné que celui d'hier, nos baïonnettes se sont croisées plusieurs fois avec celles de l'ennemi.

Je n'ai qu'à me louer de la conduite de mes aides de camp, dont un, M. Voisin, a été tué.

Le général en chef russe commandait en personne. Il avait avec lui le général Balikson. Nous avons fait environ six cents prisonniers. On a trouvé sur le champ de bataille plusieurs officiers de marque; parmi les blessés qui sont dans la ville, il s'en trouve également de marquants.

Je porte l'armée russe, qui s'est battue ici hier, de quarante à soixante mille hommes d'infanterie et de cinq à six mille chevaux, avec au moins cinquante pièces de canon en batterie. L'ennemi, ayant été harcelé toute la nuit, n'a pu passer sur la rive gauche qu'une partie de ses troupes; l'autre file sur Rozau. Je donne l'ordre à la cavalerie légère et au général Becker de les poursuivre; il sera soutenu par une brigade du général Gazan. Le pont a été brûlé. On s'occupe à le réparer. Le pays n'offre aucune ressource. Il a été totalement ravagé par les Russes. Si on pouvait faire établir un pont à Sierock, cela nous mettrait à même de recevoir des vivres de Varsovie.

LANNES.

ANNEXE No 19

Schneidemuhl, le 12 novembre 1806.

Au prince de Neuchâtel (maréchal Berthier).

J'ai reçu l'ordre concernant le paiement d'un mois de solde au 5e corps d'armée avec l'argent trouvé à Stettin ; non seulement le mois de solde a été payé le 6 à Stettin, mais encore des régiments ont reçu trois mois de solde.

Les scellés avaient été mis sur ces caisses par ordre du chef d'état-major du grand-duc de Berg.

J'ai prévenu par écrit ce chef d'état-major de l'usage que je faisais de cet argent; ainsi Votre Altesse doit savoir par là que l'ordre qu'elle m'a envoyé de payer sur-le-champ un mois de solde, si je ne l'avais déjà fait, a été exécuté d'avance, ainsi que les intentions de Sa Majesté impériale.

Je dirai encore plus à Votre Altesse; le style de cet ordre n'est pas fait pour un homme loyal. Plus mes intentions sont pures et moins je devais m'attendre à recevoir un ordre pareil.

J'avoue que je ne sais à quoi attribuer ce manque de délicatesse à mon égard...

LANNES.

ANNEXE N° 20

17 mai 1807.

Au major général (maréchal Berthier).

J'ai dépensé de ma poche pour les frais d'espionnage vingt-trois mille francs. On a accordé dix mille francs à messieurs les maréchaux pour les dépenses secrètes.

Votre Altesse sait que j'ai pris le commandement du 5ᵉ corps, avant l'ouverture de la campagne. J'ai l'honneur de la prévenir qu'à compter d'aujourd'hui, je ne ferai aucune espèce d'avances pour me procurer les renseignements qui décident souvent du sort d'une bataille. Je suis encore le seul de messieurs les maréchaux qui n'aie pu toucher le traitement de février et de mars accordé par l'empereur. J'en fais aussi le sacrifice.

LANNES.

ANNEXE N° 21

Tilsitt, le 22 juin 1807.

A l'empereur (Friedland).

En passant à Preusch Eylau, le 13 au matin, avec mon corps d'armée, je reçus l'ordre de Votre Majesté d'aller prendre position à Dommau et d'envoyer toute ma cavalerie à *Friedland*. A peine la tête de ma colonne arrivait à Dommau que le commandant de la cavalerie me fit dire qu'après avoir pénétré dans Friedland, il en avait été chassé par des forces supérieures. Je détachai la brigade Ruffin pour m'assurer si réellement l'ennemi était en force sur ce point et pour reprendre le pont s'il était possible. Au même instant, je reçus une lettre de Votre Majesté qui m'annonçait que toute l'armée ennemie cherchait à déboucher par ce pont pour se jeter dans Kœnigsberg, et que je devais faire tous mes efforts pour empêcher ce mouvement. J'avoue à Votre Majesté que j'avais besoin de cet avis pour croire que l'ennemi eût autant d'audace, je me déterminai donc d'après votre lettre à marcher sur Friedland avec tout mon corps d'armée.

Le 14, à une heure du matin, j'arrivai avec la division de grenadiers au village de Posthénen, où je trouvai l'avant-garde ennemie. L'affaire s'engagea, l'ennemi fut repoussé vivement vers la ville et je m'établis sur deux lignes de la manière suivante : ma droite au bois près du village de *Fortlach*, mon centre en avant de *Posthenen* et ma gauche au village de *Heinrichsdorf*.

L'ennemi occupait ce dernier village avec sept pièces de canon, je les lui fis enlever par la brigade Albert et la cavalerie aux ordres du général Grouchy.

Dans cette position avantageuse, je combattis l'ennemi avec une seule division de grenadiers jusqu'à neuf heures, époque à laquelle la division Dupas du 8e corps d'armée arriva. Je la plaçai entre Posthénen et Heinrischdorf. Celle du général Verdier, retardée dans sa marche par différents obstacles, déboucha une heure après.

Pendant ce temps-là, l'ennemi faisait les plus grands efforts pour reprendre le village de Heinrischdorf et nous tourner sur la droite. Je formai cette dernière division en deux colonnes mobiles que je fis manœuvrer toute la journée de la droite à la gauche et de la gauche à la droite, en profitant de l'inégalité du terrain et de la hauteur des seigles qui cachaient nos mouvements à l'ennemi, au point que chacune de ces colonnes s'est battue nombre de fois sur tous les différents points de la ligne.

Les cuirassiers et les chevaux saxons soutinrent mon aile droite et firent plusieurs charges heureuses dans le cours de l'action. J'eus aussi à me louer de leur infanterie. La cavalerie hollandaise était en seconde ligne derrière les cuirassiers saxons.

La cavalerie Grouchy et Nansouti resta constamment au village de Heinrichsdorf avec la brigade Albert, pour empêcher que l'ennemi ne s'emparât de ce point si important; elle eut tout le jour à se défendre contre des forces triples des siennes, et réussit dans presque toutes ses charges.

Je dois dire à Votre Majesté qu'à peine M. le maréchal Mortier eut fait déployer la division Dupas sur le terrain dont je viens de parler, que cette division reçut l'attaque d'une forte colonne d'infanterie ennemie qui fut repoussée avec des pertes énormes.

L'ennemi n'eut pas de meilleur succès dans plus de *trente* charges d'infanterie et de cavalerie qu'il fit sur toute l'étendue de notre ligne ; partout et toujours il fut écrasé par un feu terrible d'artillerie et de mousqueterie, et souvent reconduit à la baïonnette.

Ces efforts de courage et d'opiniâtreté de nos troupes devant une armée aussi formidable, qui avait trois fois plus de cavalerie que nous, et au moins deux cents bouches à feu en batteries, sont dus en grande partie à l'importance bien sentie du poste qu'elles défendaient et à la confiance que leur inspirait l'arrivée prochaine de Votre Majesté à la tête de son armée.

Jusque-là, nous nous sommes tenus sur la défensive sans perdre un pouce de terrain ; et ce n'est qu'après les belles dispositions d'attaque que Votre Majesté a ordonnées sur le soir, que la victoire a été décidée de la manière la plus glorieuse et que l'ennemi, battu et culbuté sur tous les points, s'est retiré dans le plus grand désordre, laissant sur le champ de bataille la majeure partie de son artillerie et plus de douze mille morts.

Il me serait difficile de faire connaître à Votre Majesté les braves de mon corps d'armée qui se sont distingués dans cette mémorable journée, tous ont fait leur devoir.

LANNES.

ANNEXE N° 22

...Que de belles choses, mon ami, depuis quelques jours. Cette mémorable bataille de Friedland nous a conduits sur le Niémen et a forcé les Russes à nous demander la paix. Oui, mon ami, jamais bataille ne fut plus belle parce qu'elle nous donne la paix. Une chose incroyable, c'est que l'ennemi a perdu de trente à quarante mille hommes, tués ou blessés, de son propre aveu, et nous n'avons perdu presque personne. Il a aussi laissé une grande partie de son artillerie en notre pouvoir. Il n'y a plus de doute qu'on ne se battra plus ; on traite à force : jugez, mon ami, du plaisir que j'éprouve en pensant que je puis être près de vous tous avant deux mois. Je me retirerai d'autant plus content que mon corps d'armée s'est couvert de gloire à Friedland ; l'empereur a été enchanté de sa conduite. Il manquerait une chose à mon bonheur, mon ami, à mon arrivée à Paris, ce serait de ne pas vous trouver en bonne santé; vous ne doutez pas que sans cela je ne puis pas être heureux.

Mon Dieu, que Louise doit être contente d'apprendre qu'on ne se battra plus. Embrassez-la bien fort pour moi, ainsi que nos petits marmots; dites à Mme Guéhéneuc que Louis se porte bien, qu'il n'a reçu qu'une balle dans son habit. .

LANNES.

ANNEXE N° 23

A Son Excellence
M. le maréchal
Lannes.

Kœnigsberg, le 31 juillet 1807.

J'ai l'honneur, monsieur le maréchal, d'adresser à Votre Excellence l'expédition d'un décret qui vient d'être rendu par Sa Majesté. Je transmets au moment même les ordres de l'empereur au gouvernement polonais et à M. Vincent, commissaire à Varsovie.

J'ai l'honneur d'offrir à Votre Excellence l'assurance de ma plus haute considération.

HUGUES B. MARET.

ANNEXE N° 24

A Son Excellence
M. le maréchal
Lannes.

Breslau, le 9 octobre 1807.

Monseigneur,

La nouvelle dignité que Sa Majesté l'empereur vient de conférer à Votre Excellence a fait grand plaisir au 5e corps d'armée. Les troupes qui le composent se glorifient d'avoir contribué, sous vos ordres, aux actions les plus mémorables en Autriche, en Prusse et en Pologne.

Nous reconnaissons, dans la récompense de notre ancien chef, la constante sollicitude de Sa Majesté pour les braves de ses armées. Si cet hommage de notre souvenir est agréable à Votre Excellence, nous sommes flattés d'avoir trouvé l'occasion de lui renouveler les sentiments de notre attachement et de notre profond respect avec lesquels j'ai l'honneur d'être en particulier, monseigneur, votre très humble et très obéissant serviteur.

Le général de division,
BECKER.

ANNEXE N⁰ 25

Paris, le 20 mars 1808.

Je suis autorisé, monsieur le maréchal, à vous prévenir que, par décret du 19 de ce mois, Sa Majesté impériale et royale vous a nommé l'un des ducs de l'Empire, sous le titre de duc de Montebello. Il sera expédié, sur votre poursuite, des lettres patentes pour la collation du titre que Sa Majesté a bien voulu vous accorder. Ce titre sera transmissible à votre descendance masculine, légitime, naturelle ou adoptive, après que vous aurez satisfait aux conditions et rempli les formalités prescrites par les deux statuts impériaux du 1er de ce mois.

Je vous renouvelle, monsieur le maréchal, l'expression de mes sentiments et les assurances de ma haute considération.

L'archichancelier de l'empire,
CAMBACÉRÈS.

A Son Excellence M. le maréchal Lannes.

ANNEXE N⁰ 26

Burgos, le 4 décembre 1808.

Je n'ai que le temps de te dire, ma chère amie, que je me porte bien; je vais rejoindre l'empereur qui doit être à Madrid. Tu auras sans doute reçu ma lettre de Tudela. Cette bataille est la plus belle que j'aie encore vue. Je t'enverrai le rapport que j'ai fait à l'empereur...

Du maréchal Lannes à la maréchale.

ANNEXE N⁰ 27

Rapport de la bataille de Tudela à Sa Majesté l'empereur et roi par le maréchal LANNES, *le 23 novembre* 1808.

J'ai reçu l'ordre le 18 de Votre Majesté impériale de partir de Burgos pour aller prendre le commandement du corps de M. le maréchal Moncey et de la division du général Lagrange. J'arrivai le 19 au soir à Logrono. Je donnais des ordres, sur-le-champ, pour qu'on se tînt prêt à partir et qu'on fît confectionner du pain afin que chaque soldat en ait au moins pour quatre jours. J'envoyais l'ordre le même soir à M. le maréchal Moncey de réunir tout son corps d'armée à Lodosa, en le prévenant que je serais moi-même près de lui le 20 au matin. Je partis le 20 de Logrono et me rendis près de ce maréchal à Lodosa. Je donnais l'ordre à M. le général Lagrange de partir le 21 au matin de Logrono pour se réunir le même jour au corps de M. le maréchal Moncey à Lodosa et de balayer sur la route toutes les vallées à partir de Nalda.

Castanos occupait ces vallées jusqu'à Calahora avec vingt à vingt-cinq mille hommes, qui se replièrent tous d'après le mouvement du général Lagrange sur Calahora où ils paraissaient vouloir se défendre. Le 21, la division Morettot passa le pont pour venir à la rencontre du général Lagrange, avec ordre aussitôt qu'il l'aurait aperçue de se placer avec cette division devant Lodosa. Je me portais moi-même en même temps avec les lanciers polonais pour reconnaître Calahora. Je trouvais l'ennemi en bataille devant cette ville, et je jugeais qu'il pourrait avoir environ dix mille hommes. Les lanciers reçurent ordre de venir bivouaquer à demi-lieue de là et d'observer l'ennemi dans la nuit par des patrouilles. Le 21 au soir, tout le corps de M. le maréchal Moncey et la division Lagrange étaient donc réunis devant Lodosa sur la rive droite, et en ordre pour attaquer l'ennemi à Calahora s'il voulait s'y tenir.

Dans la nuit, M. le général Lefèvre, qui avait pris le commandement de toute la cavalerie, me fit prévenir que l'ennemi avait évacué Calahora. Je partis le 22 au matin, avec toutes mes troupes à mes ordres, pour me mettre à sa poursuite. Je fus coucher le même jour à Alfaro, croyant joindre la queue de l'ennemi. J'arrivais à ce dernier endroit à neuf ou dix heures du soir. J'envoyais des reconnaissances de cavalerie sur Corella et en avant pour savoir au juste si l'ennemi s'était retiré sur Tudela. Tous les rapports que je reçus dans la nuit me firent connaître que c'était sur ce point qu'il s'était rallié et qu'il voulait se battre. J'avais aperçu le corps de Palafox, venant de Capa Roso, allant à toutes jambes sur Tudela. Je donnais l'ordre au corps de M. le maréchal Moncey et à la division Lagrange de partir d'Alfaro le 23, avant le jour, pour se rendre à Tudela ; ainsi qu'à la division Morettot qui occupait Corella. Je me portais moi-même en avant avec la cavalerie pour reconnaître le terrain et ne pas perdre de temps à faire mes dispositions. Je trouvais l'ennemi en bataille de la manière suivante : la droite du corps de Palafox occupait la tour et les hauteurs en avant de Tudela, appuyée à l'Èbre et s'étendait jusqu'à un quart de lieue de Cascante, appuyée à la droite de Castanos qui occupait ce dernier village et s'étendait dans la plaine dans la direction de Corella, ayant l'air de vouloir manœuvrer sur ce dernier endroit. A l'arrivée du corps de M. le maréchal Moncey et de la division Lagrange, j'étais déjà décidé sur les points que je voulais enlever. Je fis attaquer les hauteurs et la tour à droite et en avant de Tudela par une partie de la division Maurice Mathieu, en colonne serrée avec un bataillon de tirailleurs en avant de lui. Tout fut enlevé après une résistance d'environ une heure. A la tête de la colonne était un régiment de la Vistule suivi du 14e de ligne. Le général de brigade Habert était à la tête de cette colonne ainsi que le général de division Maurice Mathieu. Pendant ce temps, les divisions Morettot, Musnier et Grandjean se déployaient dans la plaine devant le centre de l'ennemi, soutenues par une grande partie de la cavalerie. La brigade Vattier observait la gauche de l'ennemi, avec deux pièces de canon. La division Lagrange arrivait. Je regardais la prise de la ville de Tudela et de ses hauteurs comme un point très important. Elle avait deux avantages, celui de me permettre de manœuvrer librement et sans crainte sur le centre de l'ennemi et celui de menacer les communications sur Saragosse. Je me portais au centre. J'ordonnais à la division Morettot, soutenue de celle de Musnier, d'attaquer la gauche de Palafox, et j'ordonnais en même temps au général Maurice Mathieu de déboucher de Tudela et de se porter sur les derrières de l'ennemi par la route de Saragosse. L'attaque de la division Morettot fut vigoureuse, et mes ordres furent parfaitement exécutés. Le général de brigade Augereau, qui commandait la tête de la colonne, s'y est distingué.

Sa Majesté s'apercevra aisément que le corps de Palafox, se trouvant débordé par ces deux mouvements, ne pouvait plus tenir dans cette position. Aussi s'est-il mis dans une déroute comme on n'en a jamais vu, en abandonnant tous ses canons, ses havresacs, ses fusils; se jetant pêle-mêle à travers la plaine sur la direction de Saragosse. Il était trois heures après-midi. J'ordonnais à M. le maréchal Moncey de les poursuivre avec son corps d'armée et la brigade du général Colbert commandée par le général Lefèvre, excepté la division Musnier.

Castanos, s'étant aperçu de cette déroute, resserra sa gauche sur Cascante, et me fit attaquer avec une division d'environ dix mille hommes commandée par La Pena. M. le maréchal Moncey était alors à la poursuite de l'ennemi sur Saragosse. Je n'avais gardé avec moi que la division Musnier et la brigade de dragons du général Digeon. L'ennemi fut arrêté et chargé jusque sous Cascante par cette brigade qui s'est distinguée. Pendant ce temps-là, la tête de colonne du général Lagrange arrivait. Elle était impatiente de voir l'ennemi. J'ordonnais à trois bataillons de la division Musnier de se porter sur une route de traverse qui conduit de Cascante à Roya, pour empêcher l'ennemi de se replier par cet endroit et le menacer en même temps de lui couper la communication sur Saragosse.

Ce mouvement produisit l'effet que j'en attendais. Je donnais l'ordre en même temps au général Lagrange de tourner Cascante par la droite. Castanos n'était pas encore tout à fait rallié. Le général Lagrange attaque le village à la tête du 25e. L'ennemi fit une résistance vigoureuse, mais nos soldats, fâchés de n'avoir pas pris part à l'affaire, avaient la tête tellement montée que le 25e tombant dessus à la baïonnette en fit une boucherie et culbuta tout le corps de Castanos.

Il était six heures du soir. Deux heures de plus de jour, il n'eût pas échappé un seul homme. Le général Lagrange eut le bras traversé par une balle. Sans cet accident, l'ennemi aurait beaucoup plus souffert. Il a cependant été poursuivi jusqu'à deux lieues sur la route de Saragosse. On entendait les Espagnols crier dans le village : « Grâce, Français! »

Enfin, sire, depuis que je fais la guerre, je n'ai pas encore vu de déroute aussi complète. Je suis encore à savoir pourquoi nous n'avons eu que quatre mille prisonniers dans cette journée. L'ennemi a abandonné toute son artillerie, au nombre de quarante-cinq pièces avec leurs caissons. On a pris deux drapeaux et beaucoup de bagages. Je juge qu'il y a de trois à quatre mille tués. Notre perte a été de cent cinquante à deux cents hommes tués et cinq à six cents blessés. Si nous eussions voulu engager une fusillade sur toute la ligne, nous aurions perdu beaucoup de monde. L'ennemi était dans de belles positions gardées par quatre-vingt mille hommes.

Me trouvant dans l'impossibilité de monter à cheval le 24, je donnais le commandement de toutes les troupes à M. le maréchal Moncey, avec ordre de faire poursuivre le corps de Castanos avec les divisions Lagrange et Musnier, commandées par le général Maurice Mathieu et la moitié de notre cavalerie. Le reste, commandé par M. le maréchal Moncey lui-même, reçut l'ordre de se diriger sur Saragosse.

ANNEXE N⁰ 28

Vienne, 6 mai 1809.

Madame,

J'ai reçu, par monsieur votre fils, la lettre que vous avez eu la bonté de m'écrire; nous étions bien loin alors de prévoir le cruel événement qui est arrivé.

J'ai reçu les derniers soupirs de ce cher ami, aucune perte ne m'a jamais été aussi sensible; vous avez perdu un fils qui méritait bien toute la tendresse que vous lui portiez.

Deux heures avant d'entrer dans le délire, il me parlait de son épouse, de ses enfants et de tous ceux qui composaient sa famille; il lui tardait bien, à ce qu'il me disait, de pouvoir se mettre en marche pour aller la joindre; enfin ce malheureux ami a fini sa noble carrière en espérant toujours qu'il échapperait à sa déplorable situation; il n'a jamais démenti son grand caractère, il a souffert avec une patience au-dessus de toute force humaine. C'est une perte bien grande pour l'empereur et pour les armées françaises, et irréparable; de tous ses amis, personne, à ce que je crois, ne le regrette plus que moi, parce que personne ne lui portait une amitié plus vraie.

« Ainsi finit tout dans ce monde, » c'est ce qu'a dit l'empereur dans son affliction, lorsque je lui ai annoncé la perte de son ami.

FRÈRE.

Lettre du général Frère à Mᵐᵉ de Guéhéneuc.

ANNEXE N⁰ 29

Schœnbrunn, quartier impérial, 24 juin 1809.

… Le prince Berthier, les aides de camp de Sa Majesté, les généraux et tous les officiers supérieurs de l'armée sont venus chez M. le maréchal, pendant tout le temps de sa maladie, avec un extrême empressement. Je n'entreprendrai pas de vous parler de la douleur et des regrets d'aucun d'eux. Tout ce que je pourrais vous en dire serait insuffisant. Combien de fois ils ont répété que l'armée française perdait le général le plus dangereux pour les Autrichiens! J'avais la plus haute idée de la bravoure de M. le maréchal; mais tout ce que j'ai entendu prononcer sur ses

Lettre du docteur Lanfranc à Mᵐᵉ de Guéhéneuc.

grands talents militaires par le prince[1], les généraux Dumas, Rapp, les officiers de tout grade, ceux de la garde impériale, m'a frappé d'une étonnante admiration. Il n'y a pas eu d'instant, pendant tout le cours de la maladie de M. le maréchal, qui n'ait été marqué par tous les sentiments que le mérite le plus éminent peut seul inspirer...

<hr>

ANNEXE N⁰ 30

Oraison funèbre du maréchal Lannes.

Le 6 juillet 1810, lorsqu'après les obsèques du duc de Montebello, faites en l'église des Invalides, le cortège de cette pompe funèbre est venu présenter le corps au chapitre métropolitain assemblé dans l'église Sainte-Geneviève, M. Amavon, chanoine titulaire de l'église de Paris et vicaire général de M⁰ʳ l'archevêque de Corfou, a répondu au nom du chapitre par le discours suivant :

« Dans le moment où nous étions occupés à soutenir la longue prospérité de nos armes, une funeste nouvelle vient tout à coup troubler l'éclat des plus brillantes victoires. Déjà le chef intrépide, qui sous le commandement de l'empereur avait obtenu de si grands et si nombreux succès, n'existait plus. Cette immense cité dans toute son étendue retentissait de l'expression des plus vifs regrets, et chacun cherchait à soulager sa douleur en répétant le récit de la catastrophe qui venait de frapper nos armées dans la personne du duc de Montebello, maréchal d'Empire, colonel général des Suisses, commandant de l'ordre la Couronne de fer et décoré des ordres de la plupart des monarques de l'Europe.

« Réunis pour la dernière fois autour de la cendre de ce héros, c'est pour lui assigner la place dans la région des morts que nous descendons dans la profondeur de cette enceinte où, par nos chants religieux et plaintifs qui dirigent cette marche lugubre vers le gouffre du tombeau, nous lui rendons le dernier tribut solennel de nos larmes.

« Encore un instant, et ce cercueil sur lequel nous lisons pour ainsi dire l'histoire de tant de glorieuses campagnes va se confondre dans le néant de tout le passé, en attendant le néant de l'avenir : encore un instant, et tout ce pompeux spectacle d'une si grande leçon pour les puissances de la terre va disparaître à jamais.

[1] Le maréchal Berthier, prince de Neuchâtel.

« Mais au milieu de la dissolution successive des générations et des générations, et dans le néant de toutes les choses humaines, les grandes renommées qu'ont fixées les titres les plus légitimes résistent sans altération au torrent qui entraîne tout dans l'abîme de l'éternité.

« La célébrité du duc de Montebello, en planant fort au-dessus de toutes les célébrités ordinaires, ne saurait être usée par le roulement des siècles, *in memoria æterna erit justus*. (Ps. iii-v, 6.) Il n'y a rien ici, messieurs, d'exagéré dans cette application de l'oracle sacré qui, traçant ailleurs les obligations de l'homme de guerre, le fait marcher dans les voies de la justice toutes les fois qu'attentif à remplir fidèlement les honorables fonctions de défenseur de la patrie et de serviteur de son prince il déploie, lorsqu'elle peut s'accorder avec son devoir, cette clémence qui est la plus belle prérogative de sa puissance.

« Le duc de Montebello savait concilier de si généreuses dispositions avec cette intrépidité d'âme qui lui faisait braver le danger comme s'il ne l'avait pas aperçu, et qui le lui faisait voir comme s'il n'y avait pas été exposé. Une espèce de philosophie guerrière affermissait son courage et le rendait inaltérable. Aussi fut-elle la première qualité que l'on vit briller en lui dès le début dans sa carrière militaire. Il y a des progrès dans le génie qui ne se développent que par degrés, il n'y en a point dans la valeur qui est tout à coup ce qu'elle doit être.

« Si jamais vous l'avez entendu, messieurs, lorsqu'il racontait ses combats, vous auriez facilement observé qu'il était le seul à qui il ne rendait pas justice. Les grands hommes, sans se douter même qu'il convient d'être modeste, croient que c'est assez de mériter des éloges, ils laissent à la renommée le soin de les faire.

« Sans faste dans ses actions, sans hauteur dans ses discours, les deux plus dangereux séducteurs de la vertu, la fortune et la gloire, n'avaient pas corrompu le maréchal duc de Montebello.

« La gloire! Il semblait, comme on l'a dit de plusieurs grands hommes, qu'il fût embarrassé de la sienne, et si la renommée ne l'avait suivi en tous lieux, on eût oublié qu'il était un héros. Héros dans tous les combats, dans tous les sièges, dans toutes les marches, dans tous les passages aussi périlleux que difficiles; héros dans toutes les entreprises, dans tous les faits militaires qui ont formé le tissu de sa vie tout entière, et par-dessus tout héros à Essling!

« Essling! champ à jamais mémorable où le duc de Montebello, malgré qu'il soit atteint du coup qui devait bientôt nous le ravir,

est encore plus tourmenté du désir de combattre que du sentiment de sa douleur ! Mais il ne faut pas devancer le fatal événement. Ce n'est pas que je veuille suivre le duc de Montebello
dans la rapidité de ses glorieuses campagnes ; à peine pourrai-je
vous présenter des esquisses de ces grands tableaux qui viennent
de nous être tracés par l'orateur chargé d'une si importante
fonction.

« L'hommage dont le maréchal d'Empire eût été le plus flatté et
le seul éloge qu'il eût permis, ce serait le soustraire à sa mémoire
si nous ne rappelions les vertus particulières de son cœur. Vertus
pacifiques, dont l'éclat des talents et surtout des qualités militaires semble dispenser aux yeux du monde qui en est ébloui ;
et cependant, pierres angulaires de tout l'édifice social, qui en
assurent la durée en même temps qu'elles en font l'ornement et
le soutien, vous teniez autant à l'âme du duc de Montebello que
le génie et le courage qui avaient préparé ses hautes destinées à
l'école du plus grand capitaine qui se soit jamais élevé parmi les
nations.

« Qu'elle veuille bien ici nous en rendre un témoignage digne
de son cœur, cette illustre épouse, l'objet unique de sa tendresse,
et qui offrait avec lui le modèle de l'union la plus parfaite, dont
une nombreuse postérité augmentait les douceurs et resserrait les
liens ! Qu'elle nous le dise, cette vertueuse épouse, qui, dans le
sujet même de sa douleur, trouve de si nobles motifs de consola-
tion. Je me permettrai d'interroger ce vénérable vieillard qui, une
année avant la mort du maréchal d'Empire son fils, eut le bonheur de le voir à Lectoure, sa patrie, et de jouir de tous les élans
de la piété filiale la plus respectueuse et la plus vive, au milieu
des transports de la joie générale qu'inspirait la présence d'un
concitoyen aussi vertueux dans l'intérieur de sa famille qu'il se
montrait magnanime à la tête des armées.

« Non, il n'existait pas de fils plus aimant et qui honore la
mémoire de sa mère d'un culte plus religieux. Aussi ne parlait-
il jamais, nous dit l'auteur de sa vie privée, qu'avec la plus grande
sensibilité d'une mère qui était morte victime de sa tendresse
pour lui.

« Généreux et bienfaisant autant qu'il était fils affectionné et res-
pectueux, c'était surtout sur d'anciens compagnons d'armes
infortunés et sur leurs enfants qu'il exerçait sa générosité.
Encore plus remarquable par la franchise de son caractère, parce
que la franchise n'est pas soumise à l'empire de la modestie.
Cette belle qualité, si rare dans le monde, le caractérisait telle-

ment dans tous ses rapports, dans toutes ses communications, qu'elle était passée jusqu'en proverbe.

« Maréchal, je vous aime comme cela ! lui disait l'empereur, dans une circonstance, où entouré des chefs de l'armée, il vit le duc de Montebello soutenir un avis opposé à celui de tous. C'est particulièrement dans les derniers moments de ce héros qu'il faut admirer les preuves de cette amitié généreuse du monarque, récompense la plus honorable que jamais aucun sujet puisse attendre des plus grands services.

« Ici, messieurs, se présente le plus touchant spectacle qu'il soit possible de rencontrer dans les grandes scènes de ce monde : le coup fatal vient de frapper le duc de Montebello ; il est transporté au quartier général et sous les yeux de l'empereur : ranimé par son auguste présence, il voudrait s'élancer de nouveau dans le combat : la mort le repousse ; et du bord de sa tombe, ainsi qu'Alexandre, il appelle encore la victoire.

« Pour qu'il ne fût pas possible de terminer d'une manière plus honorable la carrière qu'il avait si glorieusement parcourue, il fallait cette circonstance unique, de rendre le dernier soupir dans les bras du plus grand monarque, qui ne pouvait plus répondre que par ses larmes aux dernières paroles que lui adressait ce héros :

« — Sire, lui disait-il, je meurs avec la conviction que j'ai été votre meilleur ami. »

« Puisque nous l'avons perdu cet ami de notre auguste empereur, cet ami conséquemment de tous les Français, que du moins l'âme de ce grand homme ne cesse jamais de respirer parmi nous et son exemple enfantera des héros !

« Que le dernier de nos vœux pour lui, ce vœu de la reconnaissance, et toujours inspiré par la religion, puisse accélérer la jouissance d'une gloire infiniment supérieure à celle que par tant de titres il s'est acquise sur la terre. »

ANNEXE N° 31

(Extrait du *Journal des Débats,* 8 juillet 1856.)

NÉCROLOGIE

Aujourd'hui, 8 juillet, ont été rendus les honneurs funèbres à Mme la maréchale Lannes, duchesse de Montebello, quarante-sept ans environ après les obsèques triomphales du grand homme de guerre qui l'avait associée à une destinée sitôt interrompue.

M. le duc de Montebello menait le deuil, entouré de ses frères et des nombreux membres de sa famille.

Ensuite venait, au nom de l'empereur, M. le duc de Conegliano, l'un des chambellans de Sa Majesté.

Aux amis de la maréchale et de sa famille s'était joint un grand concours de personnages considérables, à diverses époques, dans le gouvernement, l'administration et l'armée.

Auprès du char se pressaient les sœurs de charité, représentant les pauvres, qui n'étaient pas les moins intéressés à de telles funérailles.

Après le service, dans l'église des Missions étrangères, le convoi s'est dirigé vers le cimetière du Nord. Les restes de l'illustre défunte y ont été placés dans une sépulture de famille où, dès 1809, avait été déposé le cœur du maréchal. L'émotion était vive ; aux grands souvenirs du passé se mêlait dans les cœurs la douleur présente.

On doit à Mme la maréchale Lannes cette grande louange qu'elle a porté dignement un nom héroïque. Bien jeune encore, elle l'avait paré, on peut le dire, de son éclatante beauté, de ses grâces simples et nobles, de ses vertus domestiques. Depuis, à travers toutes les vicissitudes des temps, elle n'a cessé de l'honorer par l'élévation et la libéralité de ses sentiments, par la dignité de sa vie.

Telle elle avait paru dans cette cour si brillante où le choix du souverain, dicté par la voix publique, lui avait donné auprès de la nouvelle impératrice la première place, qui était véritablement la sienne ; et telle elle se retrouva naturellement, par la seule égalité d'un esprit droit et d'une belle âme, dans la retraite profonde et inviolable où après la chute de l'Empire elle alla s'enfermer.

Un grand devoir l'y appelait, accepté par elle avec une sorte de joie : c'était de se consacrer tout entière, libre qu'elle était enfin de ses engagements envers les grandeurs, à l'éducation des cinq enfants que lui avait laissés son illustre époux, de ses quatre fils, de sa fille. Sa maison, désormais fermée au monde, visitée seulement par quelques amis et par les maîtres de ses enfants, auxquels voulait bien s'étendre son amitié, devint une sorte de collège privé associé aux mouvement des écoles publiques : là se préparèrent, sous une discipline aimable autant qu'intelligente et forte, des mérites qui ont brillé diversement dans la société, par la grâce et l'esprit, par la variété des connaissances et la distinction des idées, par l'habileté politique, par la gloire héréditaire des armes.

S'il **a été** donné aux fils du maréchal Lannes de rajeunir en quelque chose, dans les commandements militaires et les missions diplomatiques, dans les conseils publics et le gouvernement, l'illustration paternelle, eux-mêmes ont fait avec reconnaissance et font aujourd'hui avec un douloureux sentiment de regret la part de leur noble mère dans leurs honorables succès. Aux leçons de toutes sortes dont elle a entouré leur jeunesse, elle en a joint personnellement une plus haute : c'est d'elle surtout qu'ils ont pu apprendre, c'était là sa pensée dominante, ce que leur nom leur impose de dévouement au service de cette France pour laquelle leur père a combattu et est mort si glorieusement !

Après ses enfants et leurs familles, dont l'heureux accroissement a été la couronne de sa vieillesse, après le petit cercle de ses proches et de ses amis, ce qui a le plus occupé les pensées de Mme de Montebello, ce sont les pauvres, les souffrants. Elle s'en était fait comme une autre famille, celle-là sans nombre. Eux seuls pourraient dire ce qu'elle a dérobé à la connaissance du monde, ce que lui faisaient seules soupçonner les rumeurs de la reconnaissance, combien de misères elle a secourues et consolées, sous combien de formes s'est exercée, pendant tant d'années, son active et ingénieuse charité.

Modeste en toutes choses, elle enveloppait d'une sorte de mystère gracieux ; même dans le commerce le plus intime, elle cachait sous des apparences simples et familières, les rares qualités de son esprit, ami du grand, du beau, dans les arts et dans les lettres, singulièrement élevé et délicat. Hélas ! quels regrets ce solide et charmant esprit, ce cœur généreux et tendre laisseront à ceux qui ont été plus particulièrement appelés à en pénétrer le secret.

L'épreuve dernière de la souffrance n'a pas été épargnée à sa vertu ; elle l'a soutenue jusqu'au bout, on pouvait s'y attendre, avec constance : supérieure aux atteintes longtemps répétées de la douleur et supprimant la plainte ; se détournant d'elle-même comme toujours, pour ne songer qu'aux autres ; se montrant heureuse des soins pieux dont l'entouraient des personnes chères ; les consolant à son tour par l'inaltérable sérénité d'une âme forte et naturellement religieuse.

PATIN ,
Membre de l'Académie française.

ANNEXE N⁰ 32

Extrait de la lettre de la maréchale, duchesse de Montebello, au sous-préfet de Lectoure.

Paris, 21 mai 1818.

... Ce que vous me faites l'honneur de m'écrire, monsieur, relativement à la difficulté de vous loger convenablement, et ce que vous me dites du projet de la ville de former un grand établissement qui comprendrait la mairie, le tribunal et la sous-préfecture m'a fait voir l'utilité dont la maison que mes enfants ont à Lectoure pourrait être à la ville, et entre tout à fait dans un projet que j'ai depuis longtemps et dont j'espère que vous aurez la bonté de me faciliter l'exécution.

Je désire faire un don pur et simple de cette maison à la ville et aux habitants de Lectoure, comme un gage réciproque de l'affection que le maréchal portait à ses compatriotes et du souvenir honorable qu'ils lui conservent.

Pour en perpétuer la mémoire dans sa famille, je voudrais seulement qu'il y fût réservé un seul appartement pour mes enfants et leurs descendants; moins pour l'usage qu'ils pourraient en faire que pour pouvoir toujours être comptés au nombre des habitants de Lectoure.

Comme tutrice de mes enfants, je ne puis disposer de la propriété de cette maison, mais la jouissance m'en appartient jusqu'à leur majorité; et dès ce moment, je l'offre à la ville, et je désire qu'il en soit passé un acte en forme dans les termes que vous jugerez convenables; car je n'entends rien aux affaires, et excepté la volonté de donner cette maison à la ville et d'y réserver un appartement pour mes enfants, je ne saurais rien prescrire.

Je ne doute pas qu'à leur majorité, mes enfants ne confirment mon projet.

TABLE DES MATIÈRES

28918. — Tours, impr. Mame.